From the library of

SOPHENE

First published by Sophene 2022

Copyright © Beyon Miloyan 2022

The Maxims and Wisdom of Khikar was translated into English by Beyon Miloyan in 2021. The Armenian edition of the text published here («Խրատք եւ Իմաստութիւնն Խիկարի զոր Ուսանին Որդիք Մարդկան») is the critical edition ("Recension A") by Frederick Conybeare, first published in 1898 based on three codices from the Library at the Monastery of San Lazzaro, the Bodleian Library and the National Library of France.

www.sophenebooks.com
www.sophenearmenianlibrary.com

ISBN-13: 978-1-925937-61-9

ԽՐԱՏՔ ԵԻ ԻՄԱՍՏՈՒԹԻՒՆՔ ԽԻԿԱՐԱՅ

ՏՊԱՐԱՆ
ԾՈՓՔ
Լոս Անճելըս

The
Maxims & Wisdom
of Khikar

IN CLASSICAL ARMENIAN
WITH AN ENGLISH TRANSLATION BY
BEYON MILOYAN

SOPHENE BOOKS
LOS ANGELES

For Robert Bedrosian.

TRANSLATOR'S PREFACE

The Maxims and Wisdom of Khikar has had a resounding influence upon Armenian literature, with at least a dozen surviving manuscripts dating from the 11th to the 18th centuries. Yet it was not until the 19th century that this story saw a popular rebirth with its (re)introduction to a European audience. Beyond a brief reference to a man named "Achaecarus" (Ahiqar) as among the sages of Assyria in Book XVI of Strabo's *Geographica*, references to Khikar are hard to find in the Western canon. Thus, when Georg Hoffman first noted the parallel between Khikar and the following lines from the Book of Tobit in 1880, it was thought that Khikar had derived from Tobit:

> *"Bury me properly, and your mother with me. And do not live in Nineveh any longer. See, my son, what Nadab did to Ahiqar who had reared him, how he brought him from light into darkness, and with what he repaid him. But Ahiqar was saved, and the other received repayment as he himself went down into the darkness. Ahiqar gave alms and escaped the deathtrap which Nadab had set for him; but Nadab fell into the trap and perished. So now, my children, consider what almsgiving accomplishes and how righteousness delivers." As he said this he died in his bed. He was a hundred and fifty-eight years old; and Tobias gave him a magnificent funeral.**

---

* Tobit 14:10-11.

However, the subsequent discovery of the Elephantine papyrus in Egypt (5th century BC) refuted this hypothesis. Khikar now preceded Tobit and came to be considered as a work of Assyrian literature.

—

Frederick Conybeare dated the Armenian translation of Khikar to the 5th century AD, making it one of the first translations into Classical Armenian. This dating is based on the style of composition as well as the finding of some of Khikar's precepts in early works of Armenian literature:

1. The first of these is Khikar's 1st precept (on pg. 71 of this book), also found in Yeznik of Kołb's theological treatise on free will, *Against the Sects*, or *On God*:

> And truly and not forsakenly does the word of the wise man say: 'your servant who does not hear with his ear, they make to hear with his back.'
>
> *Եւ արդարեւ ոչ ինչ ընդ վայր ասացեալ է բան իմաստնոյն, թէ ծառայ որ ընդ ունկն ոչ լսէ՝ ընդ մկանունս տան լսել նմա:*

Another parallel that should be noted here is between Khikar's 35th precept (on pg. 17 of this book) and the following chiasmus from Yeznik of Kołb's treatise:

> *For we see that the wealthy become poor, and the poor become wealthy.*

> *Զի տեսանեմք զմեծատունս աղքատացեալս, եւ զաղքատս մեծացեալս:*

2. The second of these is Khikar's 24th precept (on pg. 79 of this book), also found in Ghazar Parpec'i's History of the Armenians:

> *Accept us as the apostate son who sold and soiled the garment of holy baptism with which you clothed us when we washed in the baptismal font—[as people], who with dissolute impiety have fallen into the mud of apostasy, like a herd of pigs.*

> *Ընկալ զմեզ որպէս զորդին ուրացող, որ ծախեալ աղտեղեցաք զհանդերձ սուրբ մկրտութեանն, զոր զգեցուցեր մեզ աւազանին լուացմամբ, անառակ անաւրէնութեամբ թաւալեցաք ի տղմի ուրացութեանց իբրեւ զդասակսն խոզաց:*

3. The third of these is Khikar's 51st precept (on pg. 21 of this book), also found in Yeghishe's History of Vartan and the Armenian War:

> *Better blind of eyes than blind of mind. For just as the soul is greater than the body, so too is the vision of the mind greater than that of the body.*

Լաւ է կոյր աչաւք քան կոյր մտաւք: Որպէս մեծ է ոգի քան զմարմին՝ այսպէս մեծ է տեսաւորութիւն մտաց քան զմարմնոց:

4. The fourth of these is Khikar's 10th precept (on pg. 9 of this book), also found in T'ovma Artsruni's History of the House of Artsrunik:

And as a foreign sage said, 'do not go on a journey with a fearless man.'

Եւ այլ ումն յարտաքին իմաստնոց ասէ, ընդ աներկիւղ ի ճանապարհ մի երթալ:

5. And finally, the 17th precept (on pg. 11), also found in Aristakes Lastivertc'i's History:

The words of liars are as succulent as quail, and fools gulp them down.

Բանք ստոց պարարտ են իբրեւ զլոր, եւ անմիտք կլանեն զնա:

Although Conybeare observes that Khikar is not referenced by name in Armenian sources until the 12th century works of Nerses Shnorhali and Vardan Aygektsi, these overlaps suggest that there was an early Armenian translation of Khikar in circulation.

—

THE MAXIMS & WISDOM OF KHIKAR

This translation is based on Conybeare's critical edition "Recension A" (1898). At the time of Conybeare's writing, there was at least one Armenian edition in print in Tiflis (1863), and three in Constantinople (1708, 1731 and 1862). In 1913, Conybeare, made a second critical edition of the text ("Recension B") including additional precepts from other manuscripts, but unfortunately this edition was never published. Thus, Martirosyan's 1969 critical edition of Khikar included only Conybeare's "Recension A" as one of seven recensions of the text.

—

We conclude by highlighting two additional influences of Khikar in Armenian literature. The first of these is the parallel between Khikar's 12th precept (on pg. 73 of this book) and Vartan's parable from Chapter 30 of Raffi's masterpiece, *The Fool* (1880), though a form of this parable can also be found in Aesop.

> *"Vartan seemed to be relaxed. His calmness resembled the tranquility of a stormtossed sea after a tempest. 'I will explain it all to you with a parable,' he said to his inmates. 'The trees of the forest sent news to their king that a tool had appeared that was destroying them mercilessly. 'What is the tool called?' the king asked. 'An axe,' the trees answered. 'How is it formed?' the king asked. 'Its head is of iron, and its handle of wood,' the trees replied. 'That is a very dangerous tool,' the king replied, 'when the handle is of us.'"*

> *«Վարդանը, կարծես, հանգիստ էր։ Նրա հանգստութիւնը նմանում էր մրրկածուփ ծովի խաղաղութեանը, որ տիրում է ալեկոծութիւնից յետոյ։—Ես ձեզ մի առակով կը բացատրեմ բոլորը, ասաց նա իր բանտակիցներին.—Անտառի ծառերը լուր տարան իրանց թագաւորին, ասելով, թէ յայտնվել է մի գործիք, որ մեզ անխնայ կոտորում է։—«Ի՞նչպէս է կոչվում այդ գործիքը,» հարցրեց թագաւորը։ —«Տապար, պատասխանեցին ծառերը։ —«Ի՞նչպէս է կազմված նա», հարցրեց թագաւորը։—«Գլուխը երկաթից է, բայց կոթը փայտից», պատասխանեցին ծառերը։—«Դա շատ վտանգաւոր գործիք է, պատասխանեց թագաւորը, երբ կոթը մեզանից է։»*

In 1884, the great Western Armenian author Hagop Baronian founded the satirical magazine *Khikar* in Constantinople, in which he would go on to publish his best-known works. And with these two additions, we can say that Khikar has left its mark upon the most renowned literary figures of Armenian literature for well over a millennium. It is therefore a most worthy project to revive this timeless work by reintroducing it to a 21st century audience.

BIBLIOGRAPHY

Brooks, E. W. The Wisdom of Ahikar. *Journal of Theological Studies, 11*, 98-99.

Conybeare, F. C., et al. (1898). *The Story of Ahikar: From the Syriac, Arabic, Armenian, Ethiopic, Greek and Slavonic Versions.* London.

Conybeare, F. C., et al. (1913). *The Story of Ahikar: From the Aramaic, Syriac, Arabic, Armenian, Ethiopic, Old Turkish, Greek and Slavonic versions.* (2nd ed.). Cambridge University Press.

Darbinyan-Melikyan, M. H. (2006). *History of the House of Artsrunik'.* Yerevan.

Hoffman, G. (1880). *Auszüge aus syrischen Akten persischer Märtyrer.* Leipzig.

Kołb, E. (1998). *A Treatise on God.* Translated by Monica J. Blanchard & Robin Darling Young. Peeters.

Lastivertc'i, A. (2020). *Aristakes Lastivertc'i's History.* Translated by Robert Bedrosian. Sophene.

Martirosyan, A. A. (1969). *Patmut'iwn yev khratk' Khikaray imastnoy.* Yerevan.

Parpec'i. G. (2021). *History of the Armenians.* Translated by Robert Bedrosian. Sophene.

Raffi. (2020). *The Fool: Adventures in the Last Russo-Turkish War.* Translated by Kimberley McFarlane, Beyon Miloyan & Jane Wingate. Sophene.

Strabo. (1930). *Georgraphy: Volume VII: Books 15-16.* Translated by Horace Leonard Jones. Loeb Classical Library. Harvard University Press.

Yeghishe. (2021). *History of Vartan and the Armenian War (Volume 1).* Translated by Beyon Miloyan. Sophene.

THE MAXIMS AND WISDOM OF KHIKAR

Յամս եւ ի թագաւորութեան Սենեքերիմայ արքային Նինուէի եւ Ասորեստանի՝ ես Խիկար դպիր Սենեքերիմայ արքայի վաթսուն կին առի, եւ վաթսուն ապարանս շինեցի. Եւ ես Խիկարս վաթսուն տարու եղայ եւ ոչ եղեւ ինձ որդի. Յայնժամ մտի առ չաստուածսն բազում ընծայիւք. բորբոքեցի հուր առաջի չաստուածոցն, եւ արկի զխունկս ի վերայ նորա. եւ մատուցի ընծայս եւ զոհեցի զոհս, եդի ծունր եւ աղաչեցի եւ այսպէս ասէի յաղաչելն իմում.

Ով տէրք իմ եւ չաստուածք, Բելշիմ եւ Շիմիլ եւ Շամին, հրամայեցէք եւ տուք ինձ արու զաւակ. քանզի Խիկար ահա կենդանի մեռանի. եւ զինչ ասեն մարդիկ՝ եթէ Խիկար ահա կենդանի եւ իմաստուն եւ ճարտար մեռաւ, եւ ոչ կայ իւր որդի որ թաղէ զնա, եւ ոչ դուստր որ լայ զնա. չունիմ ժառանգ յետ մահուան իմոյ, եւ ոչ եթէ որդի յետի աւուրն քանքար տասն ծախեսցէ, ոչ կարէ սպառել զինչս իմ. այլ զի արկցէ հող ձեռաւք իւրովք ի վերայ իմ, զի մի՛ մնացից անյիշատակ:

During the reign of Sennacherib, king of Nineveh and Assyria, I, Khikar, scribe of king Sennacherib took sixty wives and built sixty houses. And I, Khikar, turned sixty, and did not have a son. Then I approached the gods with many offerings. I lit a fire before them and cast incense upon it. I presented my gifts and offered sacrifice. I kneeled down and prayed, and said this in my prayer:

"O my lords and gods, Belshim, Shimil and Shamin, ordain and give me a son. For Khikar, who is now alive, shall die; and what will people say when Khikar, now living and wise and clever, has died, and there is no son of his to bury him, nor daughter to mourn him. I have no heir after my death, yet not even if a son spent ten talents in my last day could he exhaust my wealth. But may he put dust upon me with his hands, that I not be forgotten."

ԽՐԱՏՔ և ԻՄԱՍՏՈՒԹԻՒՆՔ ԽԻԿԱՐԱՅ

Յայնժամ ձայն եղեւ ի չաստուածոցն եւ ասէին.

Խիկար չէ հրամայել քեզ զաւակ. բայց եթէ առցես զՆաթան քեռորդին քո եւ սնուցանիցես զնա քեզ որդի. եւ հատուսցէ քեզ զսնունդս քո.

Եւ յորժամ լուայ զայս ի չաստուածոցն, առի զՆաթան քեռորդին իմ, մի տարւոյ էր. եւ հագուցի նմա բեհեզս եւ ծիրանիս, եւ մանեակ ոսկի ի պարանոց նորա կապեցի. եւ որպէս որդի թագաւորի գեղաշուք զարդարեցի զնա. եւ արբուցի նմա կաթն եւ մեղր եւ ննջեցուցանէի զնա ի վերայ արծուեաց իմոց մինչեւ եղեւ եաւթն ամաց. Ապա սկսայ նմա ուսուցանել զդպրութիւն եւ զիմաստութիւն, եւ զհանճար գիտութեան եւ զիմաստութիւն, եւ զհանճար գիտութեան եւ զպատասխանիս հրովարտակաց, զդարձուածս հակառակաց խաւսից. ի տուէ եւ ի գիշերի ոչ դադարէի յուսուցանելոյ զնայ. եւ յագեցուցանէի զնա յուսմամբ, իբրեւ հացիւ եւ ջրով:

Ապա ասէ արքայն ընդ իս. Խիկար դպիր եւ իմաստուն, գիտեմ զի ծերացեալ ես, եւ յետ վախճանի քո

Then there was a voice from the gods and they said:

"Khikar, there is no child ordained for you. But you shall take Nathan, your sister's son, and raise him as your own, and he shall repay you for your nourishment."

And when I heard this from the gods, I took Nathan, my sister's son, who was one year of age. I clad him in fine linen and purple, and put gold around his neck, and like a king's son I adorned him magnificently. And I gave him milk and honey to drink and laid him to sleep on my eagles until he turned seven. Then I began to teach him letters and wisdom, knowledge and understanding, and the art of correspondence and debate. Day and night I did not cease to instruct him and sated him with my teaching as though with bread and water.

Then the king said to me: "Khikar, scribe and sage, I know that you have grown old, and after your death,

ո՞վ է որ կատարէ ճարտարութեամբ եւ իմաստութեամբ զգործս արքունեաց մերոց. եւ ես տրտում եմ յայդմ խորհրդոյդ. եւ ասեմ զնա. արքայ յաւիտեան կաց. է իմ որդի որ է առաւել քան զիս եւ է աւելի հանճարեղ. Եւ ասէ թագաւորն՝ ած զնա առ իս, զի տեսից. Եւ իբրեւ ածի զնա եւ կացուցի առաջի թագաւորին՝ ետես, եւ ասէ՝ յաւուրս իւրում աւրհնեալ եղիցի Խիկար, զի ի կենդանութեան իւրում էած կացոյց առաջի իմ զորդին իւր. եւ ինքն ի հանգստեան եղիցի:

Երկիր պագի տեառն իմոյ եւ առեալ տարայ զՆաթան յապարանս իմ, եւ այսպէս ասէի յուսուցանելն իմում:

1. Որդեակ՝ եթէ լսես բան ինչ ի դրանէ արքունի, մեռոյ եւ թագո զնա ի սրտի քում, եւ մի՛ ումեք ի վերայ հանիցես. Զկապն կնքեալ մի՛ արձակել, եւ զարձակեալն մի՛ կապեսցես. Եւ զոր տեսանես մի՛ ասել, եւ զոր լսես մի՛ յայտնել:

2. Որդեակ՝ մի՛ համբառնալ ի վեր զաչս քո տեսանել զկին գեղեցիկ յունեալ եւ ծարիւրեալ, մի՛ ցանկանայցես ի սրտի քում. զի եթէ նմա տացես զամենայն ինչս քո՝ առաւել ի նմանէ ոչ ինչ գտանես, այլ դատապարտիս յԱստուծոյ եւ ի մարդկանէ. Քանզի նման է նա գերեզմանի որ ի վերոյ գեղեցիկ լինի, եւ ի ներքս լի է ժահահոտութեամբ եւ ոսկերաւք մեռելոց:

who will skillfully and wisely fulfill the affairs of our kingdom?" And I was grieved at that thought, and I said to him: "King, live forever. There is my son, who is superior to me and more skilled." And the king said: "Bring him to me, let me see him." And when I had brought him and stood him before the king, he looked upon him and said: "May Khikar be blessed for all his days, for in his lifetime he brought before me his son, and may he himself be at rest."

I prostrated before my lord, and taking Nathan, I led him to my house and said this in my teaching:

1. Son, if you hear anything in the royal court, kill and conceal it in your heart, and disclose it to no one. Do not loosen the knot that is sealed, and do not tie that which is loose. Speak not of what you see and reveal not what you hear.

2. Son, do not raise your eyes to look at a woman beautifully made-up. Do not desire her in your heart. For if you should give her all your possessions, you will get nothing more out of her, but you will be condemned by God and by mankind. For she is like a tomb that looks beautiful on top, and below is full of the rottenness and bones of the dead.

3. Որդեակ՝ մի՛ լինիլ որպէս նշենի, որ յառաջ ծաղկի եւ յետոյ հասանի՝ զպտուղն իւր. Այլ լեր որպէս թթենի որ յետոյ ծաղկի եւ յառաջ հասանի զպըտուղ իւր:

4. Որդեակ՝ լաւ է ընդ առն իմաստնոյ քարինս կրել, քան ընդ առն անմտի գինի ըմպել:

5. Որդեակ՝ ընդ իմաստունս մի՛ անմտիր եւ ընդ անմիտս մի՛ իմաստանար:

6. Որդեակ՝ կցորդ լեր առն իմաստնոյ, որ իմաստուն լինիս որպէս զնա. եւ մի՛ լինիր կցորդ անզգամի եւ անմտի, զի մի՛ որպէս զնոսա անմիտ կոչեսցես:

7. Որդեակ՝ հեղցես զգինի քո, եւ մի՛ ըմպել ընդ անզգամս եւ ընդ անաւրէնս, զի մի՛ արհամարհեսցիս ի նոցանէ:

8. Որդեակ՝ մի՛ լինիր կարի քաղցր՝ որ կլանեն զքեզ, եւ մի՛ կարի դառն՝ որ թքանեն զքեզ. Այլ լեր հեզ, հանդարտ ի գործս գնացից քոց եւ յամենայն բանս:

9. Որդեակ՝ մինչդեռ կաւշիկդ ի յոտդ է, կոխեա զփուշն եւ արա ճանապարհ որդւոց քոց:

10. Որդեակ՝ մեծատան որդին աւձ կերաւ՝ ասեն դեղ է նմա. աղքատին որդին եկեր եւ ասեն՝ ի սովու կերաւ: Զքո մասն կեր խաղաղութեամբ, եւ քո ընկերին զաչսդ մի՛ արկաներ. եւ ընդ աներկիւղի ի ճանապարհ մի՛ երթալ, եւ ընդ անզգամի հաց մի՛ ուտել:

3. Son, be not like the almond tree which first flowers and then gives fruit, but like the mulberry tree which flowers after it gives fruit.

4. Son, it is better to carry stones with a wise man than to drink wine with a foolish man.

5. Son, do not be a fool with wise men, and do not be wise with fools.

6. Son, associate with wise men, so that you become wise like them; do not associate with senseless and mindless men, lest you be called foolish like them.

7. Son, pour out your wine, and do not drink it with the senseless and with the lawless, lest you be despised by them.

8. Son, do not be so sweet that they devour you nor so bitter so that they spit you out. But be meek, and calm in your deeds and in all your words.

9. Son, while you have your shoes on your feet, tread down the thorns and make a path for your sons.

10. Son, when the son of a rich man ate a serpent they said it is medicine for him, but when the son of a poor man ate one, they said it was out of of hunger. Eat your portion in peace and do not cast your eye on your companion's; do not set out on a journey with fearless men and with senseless men do not break bread.

11. Որդեակ՝ եթէ տեսանես զթշնամին քո գլորեալ՝ մի՛ ծաղր առնել զնա. զի եթէ կանգնի նա՝ չար հատուցանէ քեզ:

12. Որդեակ՝ անկանի անաւրէնն ի չար գործոց իւրոյ, եւ կանգնի արդարն ի բարի գործոց իւրոյ:

13. Որդեակ՝ մի՛ մերձենայր ի կին անզգամ եւ բամբանասող, զի մի՛ արհամարհեսցիս ի նոցանէ, եւ դու ծաղր լինիս եւ նա յափշտակէ զքեզ:

14. Որդեակ՝ զորդիդ ի ծեծ մի՛ խնայիր. զի ծեծ մանկան այնպէս է որպէս աղբն ի պարտիզի, եւ որպէս կապն եւ մատն եհար ի քսակի. եւ որպէս կապն յիշոյ ոտքն՝ այնպէս աւգուտ է ծեծ տղային. զի թէ ծեծես զաւազանաւ մի՛ եւ կամ երկուս՝ նա խելաւքնայ հանդարտութեամբ ո՛չ մեռանի. բայց եթէ թողուս զնա ի կամս իւր՝ գող լինի եւ տանեն զնա ի կախումն եւ ի սպանումն եւ լինի քեզ նախատինք եւ բեկումն:

15. Որդեակ՝ ուսոյ զորդին քո ի քաղց եւ ի ծարաւ, որ խոնարհութեամբ վարեսցէ զկեանս իւր:

16. Որդեակ՝ զթշնամոյն որ ասեն մի՛ ընդուներ, զի զքոյդ նոքա ասիցեն:

17. Որդեակ՝ յառաջ սիրէ մարդ սուտ, բայց յետոյ ատելի լինի քեզ. զի բանը սուտ որպէս լոր պարարտ է, բայց որ անմիտ է, նա կլանէ զնա:

11. Son, if you see your enemy fallen, do not mock him; for when he gets back up, he will requite you with evil.

12. Son, the lawless man falls by his evil deeds, but the just man stands by his good deeds.

13. Son, do not go near a senseless and backbiting woman, lest you be despised by her and made a mockery of, and she captures you.

14. Son, spare not in beating your son, for beating is to children like manure to the garden and like the tie and seal that fasten the packet, and beating is profitable to a child as fetters on the feet of an ass. For if you strike your son with a rod once or twice, he will come to his senses calmly and will not die. But if you leave him to his own will, he will become a thief and they will take him to the gallows and to his death, and he will be to you a cause of insult and destruction.

15. Son, train your son in hunger and thirst so that he leads his life in humility.

16. Son, do not receive those who speak to you of your enemy, for they will also speak of you to them.

17. Son, at first you may be fond of a false man, but then he will become detestable to you, for a false word is like a fat quail, but he who is foolish devours it.

18. Որդեակ՝ սիրեա զհայրն՝ որ ծնաւն զքեզ, եւ զանէծս հաւր եւ մաւր քո մի՛ առցես, զի ի բարութենէ որդւոց քոց խնդասցես:

19. Որդեակ՝ առանց զինու ճանապարհ մի՛ երթայր՝ զի մի՛ թշնամին քո պատահեսցէ զքեզ եւ կորնչիս:

20. Որդեակ՝ որպէս վայելուչ է ծառն պտղով եւ ոստով եւ լերինք է անտառախիտ մայրաւք՝ այնպէս վայելուչ է այր եւ կին եւ որդի եւ եղբայր, ազգական եւ բարեկամ եւ ամենայն զարմիք:

21. Որդեակ՝ որոյ ոչ գոյ կին կամ որդի կամ եղբայրս եւ ազգական եւ բարեկամ՝ յերկար ամաւք արհամարհեն. եւ նման է ծառոյ որ յանցս ճանապարհի իցէ եւ ամենեքեան որ անցանեն ընդ նա տերեւաթափ եւ ճղայր կոտոր առնեն զնա.

22. Որդեակ՝ մի՛ ասէր թէ տէրն իմ անմիտ է եւ ես իմաստուն, այլ համբերեա նմա անմտութեամբ, եւ առ իմաստուն ունիցիս զանձն քո, մինչեւ այլ ոք գովեսցէ զքեզ:

23. Որդեակ՝ մի՛ ումէք ասել չար եւ մի՛ լինել չարախաւս առաջի տէրն քո, զի մի՛ անարգեսցիս ի նմանէ:

24. Որդեակ՝ յաւուր զոհից, մի՛ խոտորիր, գուցէ ոչ հաճեսցի Տէր ի զոհս քո:

18. Son, love the father who begot you and do not incur the curses of your father and mother so that you may rejoice in the goodness of your own sons.

19. Son, do not depart on a journey without a weapon lest your enemy encounters you and you are destroyed.

20. Son, as a tree is made pleasant with its fruit and branches, and mountains with cedar forests, so too are man and wife, son and brother, relative and friend, and all kin made pleasant with one another.

21. Son, he who does not have a wife or son or brother or kin or friend is over many years despised, and like a tree on the road, everyone who passes by it pluck its leaves and snaps off its branches.

22. Son, do not say that my master is ignorant and I am wise, but bear with him in his ignorance and keep yourself in company with the wise until such a time as someone else praises you for your wisdom.

23. Son, malign no one and speak no evil before your master, lest you be condemned by him.

24. Son, do not deviate on the day of your sacrifice lest the Lord be displeased with your sacrifice.

25. Որդեակ՝ մի՛ թողուլ զլալիսն, եւ երթալ ի հարսանիսն. զի ամենեցուն մահ առաջի կայ եւ պատուհաս մեծ է:

26. Որդեակ՝ մատանի ոսկի որ չէ քո՝ մի՛ դներ ի մատինս քում. եւ մի՛ հագնիր բեհեզս եւ ծիրանիս որ չէ քո. կամ ձի որ չէ քո՝ մի՛ հեծնուլ զնա, զի ծաղր առնեն տեսողքն:

27. Որդեակ՝ թէպէտ եւ քաղցեալ իցես՝ որ հաց չէ քո մի՛ ուտիցես:

28. Որդեակ՝ որ զաւրաւոր է քան զքեզ՝ մի՛ հակառակիլ ընդ նմա. գուցէ սպանանիցէ քեզ:

29. Որդեակ՝ ճմլեա եւ մաշեա զչարն ի սրտէ քումմէ, եւ բարի լինի քեզ յԱստուծոյ եւ ի մարդկանէ եւ ըռզակիս կամաւքն Աստուծոյ:

30. Որդեակ՝ թէ բարձր են շեմք յերկինս իբրեւ կանկուն Է, յորժամ մտանիցես խոնարհեցոյ զգլուխ քո:

31. Որդեակ՝ մի՛ առնուլ կշռով մեծ եւ մի տալ փոքր կշռով. եւ ասել թէ շահեցայ. զի Աստուած ոչ տայ, այլ բարկացցի, եւ դու սովամահ կորնչիս:

32. Որդեակ՝ մի՛ երդնուլ սուտ, զի մի՛ յաւուրց քոց պակասեցին:

25. Son, do not quit weeping and go the wedding banquet, for death lies before all and the judgment is great.

26. Son, do not put a gold ring that is not yours on your finger, nor clothe yourself in fine linen and purple that is not yours, nor mount a horse that is not yours, for those who see it will mock you.

27. Son, though you may be hungry, do not eat bread that is not yours.

28. Son, do not oppose a man who is stronger than you, lest he kills you.

29. Son, crush and wipe the evil out of your heart, and it will be well for you with God and man, and you will enrich the will of God.

30. Son, though the doorway to heaven be seven cubits high, bow your head when you enter.

31. Son, do not take with a big measure and give with a small measure and say to yourself 'I have profited'. For God will not grant it, but will be angry, and you will starve to death.

32. Son, do not give a false oath, lest your days be cut short.

33. Որդեակ՝ աւրինացն Աստուծոյ ունկն դիր, եւ չարէն մի՛ երկնչիր. զի պատուիրանն Աստուծոյ պարիսպ է մարդոյ:

34. Որդեակ՝ ի բազմութիւն որդւոց քոց մի՛ խընդացես, եւ ի պակասել նոցա մի՛ տրտմեսցիս:

35. Որդեակ՝ որդիք եւ ստացուածք յԱստուծոյ շընորհին, մեծատունն աղքատանայ, աղքատն մեծանայ. խոնարհն բարձրանայ. եւ բարձրն խոնարհանայ:

36. Որդեակ՝ եթէ բարձր են շէմք տան քո եւ ընկերն քո հիւանդանայ, մի՛ ասէր թէ զի՞նչ տանիմ նըմա. այլ երթ ոտիւք եւ տես աչաւք, զի լաւ է նմա քան զհազար քանքարս ոսկոյ եւ արծաթոյ:

37. Որդեակ՝ վասն չարախաւսութեամբ ոսկի եւ արծաթ մի՛ առնուլ. զի գործ մահաբեր է եւ չար յոյժ. եւ մի՛ հեղուլ արիւն արդար ի տարապարտուց, զի մի՛ հեղցի արիւն քո փոխանակ արեան նորա:

38. Որդեակ՝ պահեա զլեզու քո ի չարախաւսութենէ, եւ զաչ քո յարատ հայելո՛յ, եւ զձեռն քո ի գողութենէ. եւ բարի լինի քեզ յԱստուծոյ եւ ՚ի մարդկանէ. Զի որ գողանայ ոսկի կամ այլ փոքր իրք՝ պատուհասն եւ սպանումն մի է:

33. Son, hearken to the laws of God and fear not evil, for the commandment of God is a rampart for man.

34. Son, rejoice not in the number of your children and you will not be distressed at their diminishment.

35. Son, children and possessions are bestowed by God. The rich become poor, the poor become rich; the humble are exalted, and the exalted humbled.[1]

36. Son, if the doorway to your house be lofty and your friend becomes sick, do not ask yourself 'what shall I take him?', but go there with your own feet and see him with your own eyes, for that is better for him than a thousand talents of gold and silver.

37. Son, do not engage in slander, not even for gold or silver, for it is a fatal deed and very evil. And do not shed righteous blood unjustly, lest your blood be shed in return.[2]

38. Son, keep your tongue from malignment, your eye from immodest glances and your hand from stealing and it will be well for you with God and man. For whether one steals gold or trinkets, the punishment and execution are one and the same.

---
1 *Cf.* Matthew 23:12.
2 *Cf.* Genesis 9:6.

39. Որդեակ՝ մի՛ շնար ընդ կնոջ ընկերին, զի մի՛ բարկասցի Աստուած, եւ այլքն շնասցեն ընդ կնոջ քո:

40. Որդեակ՝ մի՛ առնուլ կին այրի. Զի յորժամ բանս ինչ լինի, ասիցէ՝ աւաղ առաջին այր իմ, եւ դու տրտմիս:

41. Որդեակ՝ եթէ վրէժ հասցէ քեզ՝ Աստուծոյ մի՛ խոտորիր եւ ճճգո՛իր, զի մի՛ բարկասցի Աստուած եւ այլ խստագոյն ի տարաժամ սատակէ զքեզ:

42. Որդեակ՝ մի՛ սիրել զորդին քո առաւել քան զծառայն քո. զի գիտես եթէ ո՞ ի նոցանէ պիտանի լինի քեզ:

43. Որդեակ՝ խաշինք որ գիճէն ի զատ գնան՝ գայլոց մասն լինիցին:

44. Որդեակ՝ դատեա զդատաստան արդար ի մըտի քում, եւ զծերսն պատուեա, զի ի մեծ դատաւորէն դու պատուեսցիս եւ լինի քեզ բարի:

45. Որդեակ՝ ցածոյ զաչս քո եւ կակղացոյ զբարբառ բերանոյ քո եւ նայեա ընդ ակամբ քո. զի մի՛ երեւեսցիս մարդկան անզգամ. զի եթէ աղաղակաւ տաճար շինէր էշն ամէն աւրն Է դարբաս շինէր եւ չարտախ.

46. Որդեակ՝ մի՛ հպարտանար աւուր մանկութեան քո, զի մի՛ կորուսցէ զքեզ մանկութիւն քո:

39. Son, do not commit adultery with your friend's wife, lest God be angry and others commit adultery with your wife.

40. Son, do not take a widow for a wife, for whenever there is any dissent between you, she will say 'Alas, my first husband!' and you will be sorry.

41. Son, if revenge comes upon you from God, do not deviate or grumble, lest God be angry and more harshly destroy you with an untimely death.

42. Son, love not your son more than your servant, for you do not know which of them will turn out to be helpful to you.

43. Son, the sheep that stray from the flock become the portion of wolves.

44. Son, pass fair judgment in your mind and honor your elders that you may be honored by the Great Judge and that it goes well with you.

45. Son, lower your eyes, soften the sound of your voice and look with your own eyes lest you appear senseless to men, for if temples were built by crying out, donkeys would have been building seven palaces and cottages a day.

46. Son, do not take pride in your days of youth lest your youth destroys you.

47. Որդեակ՝ մի՛ տալ թոյլ ընկերին քո կոխել զոտս քո, զի մի՛ համարձակեալ կոխեսցէ զպարանոցդ:

48. Որդեակ՝ ընդ դատախազին քո առաջի դատաւորին ցասմամբ մի՛ խաւսիր. զի մի՛ անզգամ եւ անմիտ կոչեսցիս. այլ զոր հարցանէ պատասխանի քաղցրութեամբ տացես, եւ զդատաստան նորա ի գըլուխ նորայ կուտեսցես:

49. Որդեակ՝ եթէ խնդրեսցես յԱստուծոյ բարի՝ նախ զկամս նորա կատարեա՛ պահաւք, եւ աղաւթիւք, եւ ապա կատարին խնդրուածք քո ի բարին:

50. Որդեակ՝ լաւ է անուն բարի՝ քան զտեսակ ցանկալի. զի գեղեցկութեամբ ապականի, եւ անուն բարի մնայ յաւիտեան:

51. Որդեակ՝ լաւ է կոյր աչաւք՝ քան զկոյր մտաւք. քանզի կոյր աչաւք արագ ուսանի զերթ եւ եկ ճանապարհին. իսկ կոյր մտաւքն թողու զուղղորդ ճանապարհն եւ երթայ ըստ կամս իւր:

52. Որդեակ՝ լաւ է կող մի՛ ի ձեռին քո՝ քան զգէր բուծ մի՛ յայլոց ձեռին. լաւ է ճնճղուկ մի՛ ի ձեռին քո՝ քան զհազարս յերկինս թռուցեալ. լաւ է ուլ մի՛ պատարագ ի տան քում՝ քան զուարակ մի՛ ի տան այլոց:

47. Son, do not allow your friend to step on your feet lest he dares step on your neck.

48. Son, speak not in anger with your adversary before the judge, lest you be called senseless and mindless. Rather, respond with sweetness to whatever he asks, and you will pile up your adversary's judgment on his head.

49. Son, if you ask God for goodness, first fulfill His will with fasting and prayer, and then your prayers for goodness will be fulfilled.

50. Son, a good name is better than an attractive appearance, for beauty spoils, but a good name endures forever.

51. Son, better blind of eyes than blind of mind, for he who is blind of eyes is quick to learn the coming and going of the road, but the mentally blind forsakes the high road and proceeds according to his will.

52. Son, better a bone in your own hand than a fat lamb in another's; better a bird in your hand than a thousand birds fluttering in the air; better a young goat for sacrifice in your own house than a young bull in another's house.

53. Որդեակ՝ լաւ է աղքատութեամբ ժողովել՝ քան զմեծութեամբ ցրուել:

54. Որդեակ՝ մի՛ անիծաներ զորդին քո մինչեւ տեսանես վախճան նորա, եւ մի՛ արհամարհեսցես մինչեւ տեսանեսցե՛ս զկատարածն եւ զվճարն եւ զշահն:

55. Որդեակ՝ քննեա զբանն ի սրտի քում, եւ ապա ի վերայ հաստատեսցես. զի եթէ փոխես զբանն՝ քաղցր լինիս:

56. Որդեակ՝ եթէ լսես բան չար զումեքէ՝ թագո՛ զնա ի սրտի քում կանգունս Է՝ զի այն չարն մեռանի եւ բարին կատարի:

57. Որդեակ, ընդ վայր մի՝ ծիծաղիլ զի ընդ վայր ծիծաղիլն կռիւ է, եւ կռիւն սպանումն է եւ մահ:

58. Որդեակ՝ բան սուտ եւ ստախաւսութիւն որպէս արճիճ ծանր է. բայց յետ սակաւ աւուրց ի վերայ ջրին գայ որպէս տերեւ ծառոց:

59. Որդեակ՝ յայտնեա զփոքր խորհուրդ քո բարեկամին քո, եւ յետ աւուրց գրգռէ զնա. եւ անարգէ զնա. եւ եթէ եւ զայլն խորհուրդն ոչ յայտնէ՝ ապա զմեծ խորհուրդն յայտնեա նմա, եւ հաւատարիմ սիրելի պահես զնա:

53. Son, it is better to amass in poverty than to squander in wealth.

54. Son, do not curse your son until you see his outcome, and do not condemn him until you see the results of his deeds, his compensation and profit.

55. Son, examine the word in your heart and only then utter it, for if you alter the word, you will be saccharine.

56. Son, if you hear an evil word about anyone, hide it seven fathoms deep in your heart so that the evil dies and the good is fulfilled.

57. Son, do not scoff in vain, for to scoff in vain is to fight, and the fight, murder and death.

58. Son, a false word and a lie are as heavy as lead, but after a few days they float upon water like leaves.

59. Son, reveal a small secret to your friend, and after some days provoke him. If he does not reveal your secret, only then reveal your big secret to him and keep him as a faithful and dear friend.

60. Որդեակ՝ առաջի թագաւորաց եւ առաջի դատաւորաց, աւգնական լեր ընկերին քո. զի որպէս ի բերանո՛յ առիւծոյ զերծուցանես զնա, եւ լինի քեզ անուն բարի եւ փառք:

61. Որդեակ՝ եթէ թշնամին քո եկեսցէ յոտն քո՝ թողութիւն շնորհեա՛ նմա՝ եւ ծիծաղեա ուրախութեամբ յերեսս նորա, եւ ընկալ զնա պատուով:

62. Որդեակ՝ չկոչեն զքեզ՝ մի՛ երթալ ի պատիւ. եւ ուր զքեզ չհարցանեն՝ մի՛ տալ պատասխանի:

63. Որդեակ՝ ընդ սառուցեալ եւ ընդ յարուցեալ գետոյ մի՛ անցանիցիս՝ զի մի՛ յանկարծամահ մեռանիցես:

64. Որդեակ՝ հարց զայր իմաստուն բան խրատական, եւ իմաստնասցիս. եւ եթէ հարցանիցես զայր անմիտ՝ բանիւք բազմաւք նա ո՛չ իմանայ:

65. Որդեակ՝ եթէ զայր իմաստուն առաքես ի բան մի ինչ պատուիրել, ինքն կատարէ զբանն. Ապա թէ զանմիտն առաքես՝ առաջի բազում մարդկան պատուիրէ. եւ կամ դու գնա՛ եւ զնա մի՛ յղեր:

66. Որդեակ՝ փորձեա զորդին քո ի քաղց եւ ի ծարաւ, եւ թէ կարող իցէ՝ ապա՛ տուր զինչս քո ի ձեռին նորա:

60. Son, be a helper to your friend before kings and judges so as even to rescue him from the mouth of a lion, and you will have a good name and glory.

61. Son, if your enemy comes down to your feet, grant him pardon, laugh with joy before him and receive him with honor.

62. Son, do not go where you are uninvited for the sake of honor and do not give answer where you are not asked.

63. Son, do not cross a frozen or flooded river lest you die a sudden death.

64. Son, ask a wise man for advice and you will become wise; ask a foolish man and he will not know despite his copious words.

65. Son, if you send a wise man to give a command, he will fulfill your word; if you send a fool, command him in the presence of many people, or rather go yourself without sending him.

66. Son, test your son in hunger and thirst and if he is able to withstand it, then entrust your possessions into his hands.

67. Որդեակ՝ ի կոչնատանէ եւ ի հարսանեաց յառաջել քան զընկերն քո, եւ այլ մի՛ դառնալ յետս. զի անոյշ քո բարի առնուս եւ չառնուս վէրք ի գլուխ քո:

68. Որդեակ՝ մարդ որ ստացուածք եւ ինչք բազում ունի, կոչեն զնա՛ իմաստուն եւ առաքինի. եւ որ ինչք պակաս ունի՝ կոչեն զնա անմիտ եւ անարգ, եւ ոչ ոք պատուէ զնա:

69. Որդեակ՝ կերայ դառնիճ եւ արբի լեղի, եւ ոչ էր լեղի քան զաղքատութիւն. բարձի աղ եւ արճիճ, եւ ոչ էր ծանր քան զպարտքն. զի թէպէտ ուտէի ի ըմպէի, ոչ կարէի հանգչել. Բարձի երկաթ եւ քարինս ի վերայ ուսոց իմոց, եւ լաւագոյն էր ինձ, քան զբնակիլն ընդ անգիտի եւ անմտի:

70. Որդեակ՝ եթէ աղքատ իցես ի միջի ընկերաց քոց՝ մի՛ յայտնել, զի մի՛ արհամարհիցես ի նոցանէ, եւ բանից քոց ոչ լսեն:

71. Որդեակ՝ սիրեա զմարմին քո եւ զկին քո, զի անձն քո է. եւ կցորդ կենաց քոց եւ յոյժ աշխատանաւք սնուցանէ զորդին քո:

72. Որդեակ՝ եթէ առաքէ տէրն քո թէ բե՛ր սպտուր խաղող, մի՛ բերել նմա, զի զխաղողն ուտէ եւ զպատուհասն սպտուրին ոչ թողու:

67. Son, leave before your companion from the house of invitation and from the wedding feast and do not go back that it goes well with you and that you do not sustain wounds to your head.

68. Son, he who has many assets and possessions they call virtuous, but he who has few possessions they call ignorant and worthless, and no one honors him.

69. Son, I have eaten chicory and drank gall and it was not more bitter than poverty. I have lifted salt and lead and it was not heavier than debt, for though I ate and drank I could not rest. I have lifted iron and stones upon my shoulders, and it was better for me than to dwell with the ignorant and the fool.

70. Son, if you become poor among your friends, do not reveal it, lest you be despised by them and they hearken not to your words.

71. Son, love your flesh and your wife. For she is one with you and the partner of your life, and by great labor she nourishes your son.

72. Son, if your master sends you to bring him a dunged grape, do not bring it to him, for he will eat the grape and will not let you go unpunished for the dung.

73. Որդեակ՝ լաւ է բան իմաստնոյ յարբեցութեան՝ քան զբան անմտի ի ծարաւութեան կամ լրջութեան. լաւ է ծառայ զորդ՝ քան ազատ եւ սուտ. լաւ է բարեկամ մաւտեւոր՝ քան եղբայր հեռաւոր:

74. Որդեակ՝ զգաղտ քան քո կնոջ մի՛ յայտնել, զի տկար է եւ փոքրոգի, եւ նա յայտնէ կարեւորացն եւ դու արհամարհիս:

75. Որդեակ՝ եթէ գինի ըմպես՝ պահեա զլեզու քո ի շատախաւսութենէ, եւ բարի լինի քեզ եւ կոչիս իմաստուն:

76. Որդեակ՝ զինչս քո առանց մուրհակի եւ վկայի մի՛ տալ, զուցէ ուրանայ եւ դու ապաշաւես:

77. Որդեակ՝ ի բարեկամէ քումմէ մի՛ հեռանար, զուցէ այլ ո՛չ գտանիցես այնպիսի խորհրդակից եւ բարեկամ:

78. Որդեակ՝ լաւ է թէ գողասցեն զինչս քո՝ քան թէ գտցեն ի վերայ քո գողութիւն:

79. Որդեակ՝ մարդ որ իրենն Աստուած յաջողէ՝ դու պատուեա զնա. եւ յորժամ տեսանիցես զծերն՝ դու յոտն կացիր առաջի նորա եւ մեծարեա զնա:

80. Որդեակ՝ ընդ առն ունեւորի եւ ընդ գետոյ յարուցելոյ մի՛ հակառակել. զի ագահ մարդոյն աչքն ո՛չ լցի՝ քաւել թէ հողով:

73. Son, better the word of a sage in drunkenness than the word of a fool in thirst or seriousness. An upright slave is better than a deceitful noble; a close friend better than a distant brother.

74. Son, do not reveal your secret to your wife. For she is weak and timid and will reveal it to the powerful, and then you will be despised.

75. Son, if you drink wine, keep your tongue from babbling and it will go well with you and you will be called wise.

76. Son, do not give up your property without a deed and witness lest the other deny it and you regret it.

77. Son, do not forsake your friend lest you fail to find another confidante and friend.

78. Son, it is better that they plunder your riches than find you guilty of theft.

79. Son, when God prospers a man, honor him; and whenever you see an old man, stand up before him and honor him.

80. Son, do not oppose a wealthy man or a flooded river, for the eyes of a covetous man are not filled except with earth.

81. Որդեակ՝ խնամիխաւուի մի՛ առնել, զի զբարին յԱստուծոյ եւ յոջակէ տեսնուն, եւ զչարն ի քէն է եւ ասեն զքո դէմ հանաւղն:

82. Որդեակ՝ եթէ դադարեն գետք ի գնացից կամ արեգակն յընթացից նորա, կամ քաղցրացի լեղի որպէս մեղր, կամ սպիտակասցի ագռաւն որպէս զաղաւնի, նոյնպէս թողցի անզգամն զանզգամութիւն իւր եւ անմիտն զգաստասցի:

83. Որդեակ՝ մի՛ յաճախեր երթայր ոտիւք ի տուն բարեկամի քո՝ գուցէ ատիցէ զքեզ:

84. Որդեակ՝ շուն որ թողու զտէրն իւր, եւ գայ զհետ քո՝ քարամբ հալածեա զնա:

85. Որդեակ՝ գործք բարի եւ պատարագ անբիծ հա-ճոյ է Աստուծոյ. եւ յամաւթոյ իբրեւ յԱստուծոյ երկիր.

86. Որդեակ՝ խորհուրդ չար ի սիրտ առնուլն՝ դիւին հակառակութիւն. եւ համբերութիւն հիմն է գործոց եւ ամրութիւն հաւատոյ:

87. Որդեակ՝ որ քեզ չար թուի՝ ընկերին քո դու մի՛ առնել. եւ զոր չէ քո՝ այլոց մի՛ տալ:

88. Որդեակ՝ սիրեայ զճշմարտութիւն եւ ատեա զանաւրէնութիւն, եւ զստութիւն. պատուիրանացն Աստուծոյ ունկնդիր, եւ ի չարէն մի՛ վախել. զի պատուիրանն Աստուծոյ պարիսպ է մարդոյ:

81. Son, do not arrange marriages, for if it goes well, they will see it as from God and prestige, and if it goes poorly, they will blame you and call you a conspirator.

82. Son, when the rivers pause in their course, or the sun in its proceeding, or when gall turns sweet like honey, or the raven turns white as the dove, then will the senseless man abandon his senselessness and the fool come to his senses.

83. Son, do not frequent the house of your friend lest he hate you.

84. Son, stone and chase away the dog that leaves its master to follow you.

85. Son, good deeds and an immaculate offering are pleasing to God, and fear shame as you fear God.

86. Son, taking evil counsel to heart is the devil's antagonism; forbearance is the foundation of deeds and the fortification of faith.

87. Son, do not unto your friend that which seems evil to you, and do not give to others that which is not yours.

88. Son, love truth and hate iniquity and falsehood. Listen to the commandments of God, and fear not the evil one for the commandment of God is a rampart for man.

89. Որդեակ՝ ի մարդոյ չարէ եւ ի ստախաւսէ փախիր, զի ագահութիւն մայր է ամենայն չարեաց եւ ամենայն չարիք ի լրբութենէ ծնանին։

90. Որդեակ՝ զդատաստանն մի՛ սիրել. զի թէ-պէտ եւ յաղթեսցես ոսոխին, սակայն Աստուծոյ դա-տաստանէն երկիր։

91. Որդեակ՝ որ ողորդ է մտաւքն, արեգակն է լուսաւոր. եւ որ նենգ է՝ սրտիւ խաւարէ մթացեալ, եւ որ առատ է սրտիւ՝ լի է ողորմութեամբ. որ ագահ է՝ թէպէտ եւ ունի ինչ, յիմար է։

92. Որդեակ՝ ի տուն յարբեցողի մի՛ մտաներ, եւ եթէ մտանես՝ մի՛ յամեր. զի ի բարուց քոց յունայն եւ դատարկ մնաս։

93. Որդեակ՝ զընկեր քո ի մաւտոյ կամ ի հեռաս-տանէ՝ մի՛ բամբասեր. զի բան չար շուտով հասցէ ի տէրն եւ կռիւք։

94. Որդեակ՝ հրամայեալ ի Աստուած զգինին վա-սն ուրախութեան. բայց ի տեղիս բոզանոցի եւ այլ վատթար եւ անպատշաճ տեղի, լաւ է աղբ ըմպել քան զգինի։

89. Son, flee from men of evil and from liars, for avarice is the mother of all evils and all evils are born of impudence.

90. Son, do not be fond of judgment, for even if you get the better of your adversary by law, you must still fear the judgment of God.

91. Son, he who is upright in mind is like the luminous sun, yet he who is deceitful in heart is obscured in darkness; he who is generous in heart is full of mercy, yet he who is greedy is an idiot despite all his possessions.

92. Son, do not enter the house of a drunkard, and if you must enter, do not linger, for out of your goodness you will remain void and empty.

93. Son, do not malign your friend, near or far, for evil words quickly reach their subject and lead to fights.

94. Son, God has ordained wine for the sake of mirth, but at a brothel or in any other lowly and improper place it is better to drink muck than wine.

95. Որդեակ՝ այր արբեցող այնպէս է՝ որպէս նետք ի քիմս աղեղան, որ զայլ ոք ոչ հարկանէ, բայց զգլուխ իւր ծեծէ:

96. Որդեակ՝ այր արբեցող այնպէս կարծէ ի միտըս իւր՝ թէ ես քաջ եմ. եւ զամենայն զոր ինչ խաւսիմ՝ իմաստութեամբ խաւսիմ. ոչ գիտէ՝ թէ հանդիպի առն քաջամտի՝ որ ի շաւշափել ձեռաց իւրոց յերկիր կոր-ծանէ զնա եւ ձգէ:

97. Որդեակ՝ եթէ տեսանես զթշնամին քո գլորեալ, դու տրտմեա՛ ի վերայ նորա. զի բարեկամ առնես. ապա թէ ծաղր առնես զնա յորժամ կանգնի չար հասուցանէ քեզ:

98. Որդեակ՝ այր արբեցող այնպէս կարծէ՝ եթէ երկիր շրջշրջէ. ի գալ ոչ գիտէ եթէ գլուխն իւր խելագրեալ է. քանզի, որպէս մայր է գետինն ամենայն պտղոց եւ պտղաբերաց՝ նոյնպէս մայր է գինին ամենայն չարեաց. անխտիր ախտիւ ախտանալ տայ, եւ անողորմ սպանանել. խեղագրէ զմարդն եւ անասնոց բնութիւն փոխէ:

99. Որդեակ՝ փախիր երաշխաւորութենէ. ապա թէ երաշխաւոր կենաս, դու այնպէս կարծէ՝ որ է գրպանէ քո տաս. ոչ միայն ի գրպանէ, այլ եւ ճողեն զմորուսդ:

95. Son, a drunken man is like an arrow in the nock of a bow that strikes no one but its own head.

96. Son, a drunken man fancies in his mind 'I am bold, and everything I say, I say wisely'. He does not know that if he meets with a shrewd man, he will be hurled to the ground and laid out as soon as they shake hands.

97. Son, if you see your enemy fallen, sorrow over him, for you will make a friend; if, however, you mock him, he will deliver harm to you when he gets back up.

98. Son, a drunken man thinks that the world is spinning around him and does not realize that it is his head that is deranged. For as the earth is the mother of all fruit and fruiting, so wine is the mother of all evils—it causes men to become ill with diverse sicknesses and to destroy mercilessly; it deranges man and makes his nature brutish.

99. Son, avoid surety, but if you become a guarantor, presume that you must give out of your pocket, and not only from your pocket but also the hairs of your beard.

100. Որդեակ՝ ստախաւս մի՛ լինիր. զի եթէ զքեզ ժամ մի սուտ գտանեն, երբ զղորդն խաւսիս՝ սուտ հաշուին եւ ոչ հաւատան:

Եւ ես ասեմ ցՆաթան. Որդեակ՝ ի միտս քո առ զխրատս եւ մի՛ մոռանար:

Հարցումն թագաւորաց որդւոց, եւ պատասխանի Խիկարայ.

Հուտայ եւ Բաղիայն հարցան ի Խիկարին, եւ ասէ Խիկար ի Նաթան. չորս բան ի մարդոյն աչաց զլոյսն շատացնէ՝ ի վերայ ծաղկանց նայիլն. եւ բոկիկ զկանաչ կոխիլն. եւ ի հետ ջրի վրայ գնալն. եւ զիւր բարեկամն տեսնուլ:

Չորս բան զմարդն գիրացնէ առողջ պահէ. վուշ հագնելն եւ լսել հանց բան որ իւրն դիւր թուի. ի տանէն սիրտն հեշտ եւ առողջ եւ զիւր հեռաւորն բարով տեսնուլ. եւ չորք իրք է որ զմարդոյն հարկիկն աւելցեն ամենայն ժամու զքարի խաւսիլն, ամենայն բանի ջուղապ ո՛չ տալ, խոնարհ կենալն՝ պակաս խաւսիլն, ամաչէ ի փոքրէ եւ ի մեծէ:

Եւ Դ իրք է որ զմարդոյն երեսին ջուրն տանի՝ սիրոյ տէրութիւնն, շատախաւսիլն (եւ զոր գիտենայ պարծենայ) թէ գիտեմ եւ ստախաւսութիւն:

100. Son, do not be a liar, for if they find you out even once, then even should you speak the truth they will reckon you false and will not believe you.

Then I said to Nathan: "Son, learn my precepts and do not forget them."

The king's sons' question and Khikar's answer:

Huta and Baghiayn asked Khikar, and Khikar said to Nathan: "Four things increase a man's fortune—to look upon flowers, to tread barefoot on the green, to walk in water and to see one's friend.

"There are four things that satisfy man and keep him healthy—to wear linen, to hear such things as seem to him pleasant, to have an amiable and healthy spirit in his house, and to see his remote friend doing well; and there are four things that improve man's duties—to speak of good things at all times, to not answer to everything that is said, to stand humbly, to speak little, and to have shame in matters small and large.

"And there are four things that bring tears to man's face—the dominion of love, to babble on that one is knowledgeable (and to boast of what one knows), and to lie."

Հարցին պիտարխաւսին, եւ ասեն՝ եթէ յերկրի զի՞նչ կայ քաղցր. Ասէ ամաւթ երեաւց. որ ամաւթ ունի քաղցր է նա. զի ամենայն չարիք ի լրբութենէ եւ անմտութենէ ծնանին:

Եւ այս էր խրատն զոր ուսուցի Նաթանայ: Զայս ամենայն ուսուցի Նաթանայ քեռորդւո՛յ իմոյ, ես Խիկար դպրապետս Սենեքերիմայ արքային. եւ այսպէս կարծեցի ի մտի իմում՝ եթէ զուսումն եւ զխրատն զոր ուսուցի Նաթանայ կացցէ եւ մնասցէ, եւ պահեսցէ ի մտի իւրում: Ո՛չ գիտէի եթէ զբանս իմ անտես արար, եւ հոսեաց որպէս զփոշի ընդդէմ հողմոյ, զայս եղեալ ի մտի իւրում՝ եթէ հայրն իմ Խիկար ծերացեալ է յոյժ եւ հասեալ է ի դուռն գերեզմանին. եւ զառածեալ են միտքն իւր եւ պակասեալ են խորհուրդք իւր եւ ոչ ինչ գիտէ:

Սկսաւ Նաթան վատնել զամենայն ինչս իմ ի կորուստ, եւ ոչ խնայէր ի ծառայս իմ եւ աղախնայս եւ տանջէր զնոսա եւ սպանանէր, եւ կոտորէր զձիս եւ զջորիս, եւ զերիվարս իմ. եւ զընտիր յընտիրս ի հաւտէ սատակէր:

Եւ իբրեւ տեսի զՆաթան քեռորդին իմ, որ զգործս իմ այլայլեաց եւ զինչս իմ վատնեաց, խաւսել սկսայ եւ ասեմ՝ ի բայց կաց յընչից իմոց, եւ մի՛ մերձենար. զի գրեալ ի յառակսն՝ եթէ ձեռք՝ որ ոչ են վաստակեալ՝ ակն նորա ոչ խնայէ. եւ երթեալ պատմեցի Սենեքերիմայ

They asked the sage: "What is the most pleasing thing on earth?" He replied shame-facedly: "He who has shame is pleasing, for all evils are born of impudence and folly."

These were the precepts that I taught Nathan. All this I taught to Nathan, my sister's son; I, Khikar, chief scribe of king Sennacherib, and thus I had supposed that the instruction and advice that I taught to Nathan would abide and remain and that he would keep them in his mind. But I did not know that he disregarded my words and poured them out like dust against the wind, supposing in his mind that 'my father Khikar has grown very old and has arrived at the door of his tomb, and his mind is distorted and his thoughts are deficient and he knows nothing'.

Nathan began to squander all my possessions and did not spare my servants and handmaids, but tormented them and killed them, and destroyed my horses, mules and steeds, and destroyed the choicest of the flock.

And when I saw that Nathan, my sister's son, was transforming my affairs and squandering my property, I began to speak with him and I said: "Keep away from my property, and do not come near it. For it is written in Proverbs that, 'although his hands refuse to work, his eye spares it not.'" And I went and told Sennacherib

տեառն իմոյ: Եւ նա կոչեաց զՆաթան եւ ասէ՝ Որչափ Խիկար կենդանի է՝ յինչս նորա ո՛չ ոք մերձեցի: Յայնժամ ետես Նաթան զԲուդան եղբայրն իւր, զոր սնուցեալ էր ի տան իմոյ եւ ասէ՝ Խիկար հայրն իմ ծերացեալ է եւ բանք նորա անհամացեալ է. եւ ես իբրեւ լուա՛յ զայս, յամենայն ընչից իմոց ի բաց արարի զնա: Եւ խորհուրդ արարեալ Նաթան չարութեան ի սրտի իւրում. գրեաց յանուն իմ թուղթ առ թշնամին Սենեքերիմ, արքային Նինուէի եւ Ասորեստանի. եւ ասէր այսպէս:

Ես Խիկար դպրապետս Սենեքերիմայ արքայի. առաքեցի առ Եգիպտացոց թագաւորդ. եթէ յորժամ գիրս ի քեզ հասանի՝ գումարեսցես զզաւրս քո, եւ եկեսցես ի դաշտս արծնենաց որ աւրն ԻԵ լինի հրոտից ամսոյն. եւ ես հնազանդեցուցից զաշխարհս Ասորւոց. եւ տաց զաթոռն Սենեքերիմայ ի ձեռն քո առանց աշխատանաց զի կալցես զնա:

Եւ նմանեցուցեալ էր զձեռնագիրն իւր իմոյ ձեռնագրին, եւ կնքեալ մատանեաւ իմով: Եւ յորժամ խնդրեցին զաւրքն թագաւորին գնալ ի տունս իւրեանց, Նաթան միայն մնաց առաջի թագաւորին, եւ ասէ՝ Արքայ յաւիտեան կացցես: Ես զաղուհացն զոր կերեալ եմ ի տան քո, ինձ քաւ լիցի տեսանել զչարիս առաջի քո. Խիկար հայրն իմ որ ի պատիւ եւ ի մեծութենէ քում էր՝ ստեաց ինձ եւ քեզ, եւ եղեւ ի կողմն թշնամեաց քոց.

my lord, who called Nathan and said: "As long as Khikar is alive, no one shall come near his property." Then Nathan saw his brother Budan who had been brought up in my house and said: "My father Khikar has grown old and his words have lost their savor." When I heard this, I discharged him from all my affairs. But Nathan formed a wicked plan in his heart: He wrote a letter in my name to the enemy of Sennacherib, king of Nineveh and Assyria, and said the following:

> *I, Khikar, chief scribe of king Sennacherib, have sent to you, the king of the Egyptians: When this letter reaches you, you shall assemble your forces and come to the Field of Eagles on the 25th day of the month of Hrotits[3], and I will put the land of the Assyrians under your charge, and give the throne of Sennacherib to you without a struggle.*

He had made his handwriting to resemble my handwriting, and sealed it with my seal. When the soldiers of the royal guard asked to go home, Nathan alone remained before the king and said: "King, eternal life to you. Having eaten bread and salt in your house, God forbid that I should see evils before you. My father Khikar, who was in honor and greatness before you, lied to me and to you, and has sided with your enemies.

---

[3] The 12th month of the Armenian year, July.

Եւ թուղթն զոր գրեալ էր Նաթան իմ բանիւ եւ նմանեցուցեալ էր զձեռագիրն իմոյ ձեռագրին, եւ առեալ կարդաց զհրովարտակսն առաջի թագաւորին:

Եւ իբրեւ լսէր թագաւորն տրտմեցաւ յոյժ եւ ասէ. Զինչ մեղանք եմ արարեալ ես Խիկարին՝ որ այսպէս արար ընդ իս. Եւ վաղվաղակի գրէ Նաթան հրամանաւ արքային այսպէս՝ թէ

Յորժամ ընթեռնուս զգիրս գումարեսցես զաւրս քո եւ եկեսցես ի դաշտն արծունեաց, որ աւր ԻԷ լինի հրոտից ամսոյն. եւ իբրեւ տեսցես զիս՝ ճակատեսցիս ընդդէմ իմ. քանզի հրեշտակք փարաւոնի առ իս են եկեալ, զի տեսցեն զաւրս իմ:

Երեր զթուղթն առ իս, եւ ինքն գնաց առ թագաւորն. եկաց առաջի թագաւորին եւ ասէ՝ մի՛ տրտմիր, ով արքայ. այլ եկ երթիցուք ի դաշտն արծունեաց եւ տեսցուք թէ այդ այդպէս իցէ. ապա զինչ հրամայես լինի:

Եւ առեալ Սենեքերիմ զաւրս իւր՝ եւ եկն ի դաշտն արծունեաց, եւ եգիտ զիս զաւրովք իմովք. եւ ես ճակատեցի ընդդէմ նորա, որպէս հրամայեալ էր. իբրեւ ետես արքայն՝ տրտմեցաւ յոյժ. խաւսել սկսաւ Նաթան, եւ ասէ՝ մի՛ տրտմիր արքայ, այլ երթիցուք ի տուն. եւ ես ածից զհայրն իմ զԽիկար առաջի քո. Ասէ արքայն

And the letter that Nathan had written as though on my behalf, having likened his handwriting to mine, he took and read before the king.

When the king heard it, he was very much distressed and said: "What wrong have I done to Khikar for him to do this to me?" And at once Nathan wrote [the following letter] by the king's command:

When you read this letter, you shall muster your forces and come to the Field of Eagles, on the 25th day of the month Hrotits. And when you see me, you shall face your soldiers against mine. For the messengers of Pharaoh have come to me, that you shall see my forces.

He brought the letter to me, and he himself went to the king and stood before him and said: "Grieve not, king, but come, let us go to the Field of Eagles, and see whether this is so. Then it shall be as you command."

Sennacherib took his army and came to the Field of Eagles, and found me with my army, and I drew up my forces against him as he had commanded. When the king saw this, he was very grieved. Nathan began to speak and said: "Grieve not, king, but let us go home. And I will bring my father Khikar before you." The king said

ԽՐԱՏՔ և ԻՄԱՍՏՈՒԹԻՒՆՔ ԽԻԿԱՐԱՅ

ցՆաթան՝ եթէ ածես զԽիկար առաջի իմ՝ պարգեւս մեծամեծս տամ քեզ, եւ ի վերայ ամենայն գործոց իմոց հաւատարիմ կացուցից զքեզ. եւ զամենայն գործք արքունեաց քեզ վիճակեցին ճարտարութեամբ:

Եւ արքայն դարձաւ յապարանս իւր. եւ Նաթան քեռորդին իմ եկն առ իս եւ ասէ. Սեներերիմ արքայն առաքեաց զիս առ քեզ եւ ասէ՝ եկ առ իս եւ ի միասին ուրախ լինիցիմք: Եւ յորժամ գնացի, ասէ ցիս արքայն.

Խիկար դպիր եւ իմաստուն, խորհրդակից եւ իշխան իմ էիր, եւ հրամանատու տանն Ասորւոց Նինուէացւոց. եւ դարձեալ եղեր ի կողմ թշնամեաց իմոց. եւ թուղթն զոր գրեալ իր Նաթան իմ բանիւ եւ նմանեցուցանեալ իր զձեռնագիրն իւր՝ իմոյ ձեռնագրին, ետ արքայն առ իս եւ ասէ՝ առ եւ ընթերցիր:

Եւ ես իբրեւ ընթերցայ, լուծաւ ամենայն անդամք իմ. եւ լեզու իմ որպէս մագաղաթ գալարեցաւ, եւ ես ափշեցայ, եւ եղէ իբրեւ զմի յիմայելոց. Խնդրէի բան իմաստութեան, եւ ոչ գտանէի տալ պատասխանի. Նաթան խաւսել սկսաւ եւ ասէ ցիս՝ ի բաց կաց յերեսաց արքայիդ, ալեւորեալ զառածեալ եւ աղճատեալ. տուր զձեռն քո յերկաթ եւ զոտն քո ի կոճեղս. եւ արքայն դարձոյց զերեսս իւր յինէն եւ ասէ ցԱբուսմաք, նա՛յիպին իւրոյ՝ թէ տար սպանանեա զանաստուած Խիկարդ, եւ հեռացոյ զգլուխ դորա, իբրեւ կանգունս Ճ:

to Nathan: "If you bring Khikar before me, I will give you great gifts, and I will entrust you with all my affairs. And all the affairs of my kingdom shall be transacted by you skillfully."

And the king returned to his palace, and Nathan, my sister's son, came to me and said: "King Sennacherib sent me to you and says: 'Come to me and let us be joyful together.'" And when I went, the king said to me:

"Khikar, scribe and sage, you were my counselor and ruler, and commander of the house of Assyria and Nineveh, and you have turned to the side of my enemies." And the king handed me that letter that Nathan had written as though on my behalf, and in which he had likened his handwriting to mine, and said: "Take it and read it."

When I read it, all my limbs went loose, my tongue shriveled up like parchment and I was stupefied like an idiot. I sought a word of wisdom and found no answer to give. Nathan began to speak, and said to me: "Leave the presence of your king, perverted and inane old man. Give your hand to iron and your foot to shackles." And the king turned his face from me and said to Abusmaq, his nayip[4]: "Take and exterminate that godless Khikar, and remove his head 100 cubits away."

---

4 *Nayip:* Viceroy/deputy.

Եւ ես անկայ ի վերայ երեսաց իմոց, երկիր պագի եւ ասեմ՝ արքայ յաւիտեան կեաց. կամեցար զիս ի սպանումն եւ ի բանից իմոց ոչ անսացեր: Եւ ես յանձնէ իմմէ գիտեմ որ ոչ ինչ մեղայ քեզ. եւ ի սիրտ իմ նենգութիւն ոչ գոյ. անմեղ եմ. արդ ողորմեա ինձ եւ հրամայեա ինձ, զի ի դրան իմում սպանցեն զիս եւ զմարմինս իմ տացեն ի թաղումն:

Եւ թագաւորն հրամայեաց Աբուսմաքայ, զի ի դրան իմոյ սպանցեն զիս. եւ իբրեւ ելի ի թագաւորէն գրեցի թուղթ լալով առ աբեստանն կինն իմ եւ ասեմ. Յորժամ թուղթս ի քեզ հասանէ, դու հան ընդ առաջ իմ կուսանս Ռ եւ զգեցցին զգեստ սգո՛յ եւ դիցեն ինձ սուգ, եւ լացցեն զիս. զի ես տեսից աչաւք իմովք զլալականս որ լան զիս ի կենդանութեան իմում. եւ դու արասցես հաց մեծամեծ, որ տաս դահճաց իմոց եւ խորտիկս գեղեցիկս առ ի յուտել եւ ի ըմպել:

Եւ Աբեստան կինն իմ զհրամայեալսն իմ կատարեաց. եւ անդ առաջ իմ, եւ եմուծ զնոսա ի տուն. Եւ եդ առաջի նոցա սեղան եւ կերակրեաց զնոսա, եւ ետ ըմպել գինիս հինս եւ անապակս. մինչեւ թմրեցան եւ արբեցան եւ ի քուն մտին: Եւ ես եւ կինն իմ անկաք յոտս Աբուսմաքայ լալով, եւ ասացի ցնա՝ Աբուսմաք, ընկեր իմ՝ հայեաց յերկինս եւ տես զԱստուած աչաւք քո՛, յիշեա զաղուհացն որ ի միասին կերեալ եմք. եւ յիշեա զայն որ մատնեցին զքեզ Սենեքերիմայ արքայի հաւրն. եւ ես առեալ պահեցի

I fell on my face, prostrated myself and said: "King, live forever. You want for my extermination, but have not hearkened to my words. I myself know that I have not in any way wronged you, and in my heart there is no guile. I am innocent. Now have mercy on me, and command that they execute me in my own house and give my body for burial."

The king ordered Abusmaq to have me executed in my own house. And when I left the king's presence, I wrote a letter of lamentation to my wife Abestan and said: "When this letter reaches you, send before me a thousand virgins in mourning clothes and let them mourn and cry for me, that I may see with my own eyes even those who wept for me in my lifetime. Then prepare a great meal to give to my executioners, and delicate, savory meats for them to eat and drink."

My wife Abestan fulfilled my orders. She came forth, led them into the house, set a table before them, fed them, and gave them aged wine to drink (undiluted), until they became drowsy and drunk and fell asleep. Then my wife and I fell at the feet of Abusmaq, weeping, and I said to him: "Abusmaq, my friend, look up to heaven and behold God with your eyes; recall the bread and salt that we have eaten together, and remember how they betrayed you to Sennacherib, the king's father, and I took and kept

զքեզ մինչեւ արքայն խնդրեաց զքեզ. եւ իբրեւ տարայ զքեզ առաջի նորա՝ պարգեւս մեծամեծս ետ ինձ: Արդ պահեա զիս, եւ հատոյ զփոխարէն երախտեաց իմոց. եւ լինի քեզ պարգեւս մեծամեծս, եւ փոխարէն քո բարուն լինի քեզ բարի. Է՛ իմ այր մի ի բանդի, եւ յոյժ նման է ինձ. Արիւնարար ի դրան իմոյ, եւ մահապարտ է. եւ անուն նորա Սենիքար կոչի. արդ տարցես զհանդերձս իմ ի բանդին եւ զգեցուցանես նմա եւ սպանցես զնա, եւ կատարես զհրաման թագաւորին:

Եւ իբրեւ զայս ասացի ցԱբուսմաք, գթացաւ ի վերայ իմ, եւ արար զկամս իմ, եւ զոր ասացի նմա՛. եւ զինուորքն թմրեալք, ի քնոյ զարթեան ի հասարակ գիշերոյն, եւ սպանին զՍենիքար ծառայն իմ, եւ հեռացուցին զգլուխն նորա ի նմանէ կանգունս Ճ եւ ել համբաւս ի քաղաքս Ասորեստանեայց՝ թէ Խիկար դպիր եւ իմաստուն մեռաւ:

Յայնժամ Աբուսմաք ընկերն իմ եւ Ապեստան կինն իմ արարին տուն գետնափոր. երկայնութիւն նորա կանգունս Է եւ բարձրութիւն նորա հասարակ գլխոյ իմոյ, մերձ ի դրան սեմոց տանս. եւ արկին զիս ի ներքս, եւ եդին առ իս հաց եւ ջուր եւ գնաց Աբուսմաք առ թագաւորն եւ պատմեաց՝ եթէ Խիկար սպանաւ: Եւ ամենայնքն որ լսէին զմահն իմ, կոծէին եւ ապաշաւէին, եւ ասէին՝ աւաղ քեզ դպիր, ո՞վ է որ վճարէ զգործս քո արքունեաց ճարտարութեամբ քով:

you until the king asked for you, and how when I led you before him he gave me great gifts. Now save me and return the deed and you will have great gifts, and goodness in return for your goodness. I have a man in prison who very much resembles me. He shed blood in my house and is under sentence of death. His name is Seniqar. Now take my garments to the prison and dress him up in them and execute him, thus fulfilling the king's command.

When I said this, Abusmaq pitied me and followed my will and did what I told him. The soldiers, being drowsy, woke up from their sleep at midnight and exterminated my servant Seniqar and removed his head 100 cubits away from him. Then the news went forth into the cities of Assyria that the scribe and sage Khikar had died.

Then Abusmaq my companion and Abestan my wife made me an underground house seven cubits long and equal to my height adjacent to the threshold of my house. They shut me in, gave me bread and water, and then Abusmaq went to the king and told him "Khikar was killed." Everyone who heard of my death lamented and regretted my loss and said: "Alas for you, scribe! Who is there to settle the affairs of your court with your ability?"

Յայնժամ կոչեաց արքայն զՆաթան եւ ասէ՝ երթ արա լալիք զտան եւ սուգ հաւր քո: Եկն Նաթան եւ փոխանակ լալոյն ժողովեաց զգուսանս, եւ արար ուրախութիւն մեծ. եւ զծառայս եւ զաղախնայս չարչարէր, տանջէր դառնապէս յոյժ, եւ յաբեստանայ կնոջէ իմմէ ոչ ամաչէր, նա եւ կամէր պոռնկել ընդ նմա, որ սնուցեալ էր զնա: Եւ ես ի գետնափոր տանէն լսէի զլացն եւ զհառաչանս ողբոց ծառայից իմոց, եւ ես այլ ի հետ լայի, եւ ցանկայր անձն իմ սակաւ հացի եւ պատառ մի մսի եւ բաժակի. եւ էի կարաւտեալ ամենայն ընչից իմոց. Եւ ամենայն բնակիչք Ասորեստանեայց եւ Նինուէացւոց փախեան յինէն:

Իբրեւ լուաւ զայս թագաւորն Եգիպտացւոց. եթէ Խիկար դպիր մեռաւ, եւ Նինուէացւոց եւ ամենայն աշխարհս Ասորեստանեայց փախեան. յոյժ ուրախ եղեւ: Եւ գրեաց թուղթ փարաւոն արքայն Եգիպտացւոց այս-պէս առ Սենեքարիմ, արքայն Ասորեստանեայց.

Then the king called for Nathan and said: "Go, lament for the house and mourn for your father." Nathan came, but instead of lamenting he gathered performers and made great cheer, tormented my servants and handmaids and suffered them greatly, and even had no shame before my wife Abestan, desiring to fornicate with her, who had nourished him. And I, in my underground dwelling heard the weeping and groanings and complaints of my servants and I wept with them. I longed for a little bread and a morsel of meat and a cup to drink. I was destitute of all my possessions, and all the inhabitants of Assyria and Nineveh had fled from me.

When the king of Egypt heard news of how Khikar the scribe had died, and of the Ninevites and how they had fled from the whole land of Assyria, he was very glad. Then Pharaoh, king of Egypt, wrote the following letter to Sennacherib, king of Assyria:

Ողջոյն տէրութեանդ եւ թագաւորութեանդ. Գիտութիւն լիցի քեզ զի կամիմ շինել ապարանս ընդ երկինքն եւ ընդ երկիրս ի մէջ ի կախ. Տես եւ առաքեա՛ առ իս ճարտար այր որ շինէ. եւ այլ զոր ինչ հարցանեմ՝ տա՛յ պատասխանի: Ապա թէ անփոյթ առնես՝ ես զամ եւ բառնամ զթագաւորութիւնդ եւ զերկիրդ քո աւարեցից:

Իբրեւ լուաւ զայս թագաւորն տրտմեցաւ յոյժ եւ առաքեաց ժողովեաց զնախարարսն իւր, ի խրատ հարցանել՝ թէ զինչ առնեմք. Ասեն նախարարքն՝ ով թագաւոր, ա՛յլ ո՞վ տայ պատասխանի այդ բանիդ, բայց եթէ Նաթան որ ուսեալ է ի Խիկարէ, եւ գիտէ զդպրութիւն նորա, եւ սնեալ է ի տան նորա. նա կարասցէ տալ նմա պատասխանի այդմ բանիդ, զոր գրեաց արքայն Եգիպտացւոց: Յայնժամ արքայն կոչեաց զՆաթան, եւ յայտ-նեաց զխորհուրդն եւ ետ ի նա զհրովարտակն, եւ ընթերցաւ Նաթան. իբրեւ կարդաց զթուղթն, ի ձայն բարձր աղաղակեաց եւ ասէ. Բանդ եւ դիքն ոչ կարեն վճարել կամ տալ պատասխանի. ես զիա՞րդ կարացից տալ պատասխանի:»

Իբրեւ լուաւ թագաւորն յարեաւ յոսկւոյ յաթոռոյն իւրմէ եւ նստաւ ի վերայ մոխրոյ. եւ կոծէր ձեռովքն իւրովք զերեսս իւր, եւ ճողէր զմորուսն իւր եւ ասէր. Աւաղ քեզ, Խիկար դպիր, եւ իմաստուն. ի խաւս մարդկան կորուսի զքեզ. քանզի դու վճարէիր զգործս արքունեաց մերոց. եւ եթէ տայր ոք զքեզ ինձ՝ ես տայի նմա զի՛նչ եւ խնդրէր յինէն, անչափ գանձ ոսկւոյ եւ արծաթոյ:

THE MAXIMS & WISDOM OF KHIKAR

Greetings to your Lordship and Kingship. Let it be known to you that I desire to build a palace suspended between heaven and earth. Look and send me a skilled man to build it, and also who is able to answer any question I ask. If you refuse this request, I will come seize your kingdom and destroy your land.

When the king heard this, he was very grieved. He mustered and sent his nobles to ask their advice as to what they should do. The nobles said: "O King, who else can answer this question, if not Nathan who learned from Khikar and was raised in his house? He can answer the letter of the king of Egypt." The king called for Nathan, showed him the counsel and the dispatch, and Nathan read it. When he read it, he cried out with a loud voice and said: "Not even the gods can settle or respond to this. How shall I be able to answer?"

When the king heard this, he rose from his golden throne, sat in ashes, struck his face with his own hands and ripped at his beard and said: "Alas for you, Khikar, scribe and sage, who arranged the affairs of our kingdom and whom I have destroyed due to gossip. Now if anyone brought you to me, I would give him anything, as much gold and silver as he asked of me."

Իբրեւ լուաւ զայս Աբուսմաք ընկերն իմ՝ եկած առաջի թագաւորին եւ ասէ. թագաւոր, յաւիտեան կեաց. որ զհրամանս թագաւորին ոչ առնէ՝ մահապարտ է. զի Աստուծոյ հրամանքն եւ թագաւորին մի է. դու զԽիկար հրամայեցեր սպանանել, եւ նա դեռ կենդանի է. Ասէ արքայն խաւսեա Աբուսմաք ծառայ իմ եւ հաւատարիմ. եթէ զԽիկար կենդանի ցուցցես ինձ՝ բեհեզս եւ ծիրանիս տամ քեզ, եւ պարգեւս մեծամեծս պարգեւեմ քեզ: Եւ Աբուսմաք, իբրեւ լուաւ զայս ի թագաւորէն, իբրեւ սրաթռիչ հաւ, եկն առ իս. եւ եբաց զդուռն գետնափոր տանն, եւ եհան զիս անտի. եւ էին երեսք իմ այլագունեալ եւ գլուխ իմ թաղկեալ եւ ըղընկունք իմ իբրեւ զարծուոյ աճեցեալ:

Իբրեւ ետես զիս թագաւորն, կորացոյց զգլուխ իւր, եւ ամաչէր հայէր յերեսս իմ, եւ հազիւ հայեցաւ յիս ամաւթալից երեսաւք եւ ասէ ցիս. Ով սիրելի եւ պատուական եղբայր իմ Խիկար, երթ ի տուն քո եւ դարմանեա զանձն քո աւուրս Խ եւ ապա եկեսջիր առ իս. Եւ արարի այնպէս, եւ դարձեալ եկի առ թագաւորն եւ ասէ թագաւորն՝ մեղայ քեզ հայր Խիկար. Ես քեզ ոչ ինչ մեղայ այլ Նաթան քեռորդին քո, զոր սնուցեալ էիր:

When my friend Abusmaq heard this, he stood before the king and said: "King, live forever. He who does not fulfill the king's command is sentenced to death, for the commands of God and of the king are one. You ordered the execution of Khikar, yet he is still alive." The king said: "Speak, Abusmaq, my servant and faithful one. If you can show me that Khikar is alive, I will give you fine linen and purple, and bestow great presents upon you." And Abusmaq, when he heard this from the king, like a swiftly flying fowl, came to me, opened the door of my underground house, and brought me out. My face had discolored, my head was disheveled and my nails had grown like an eagle's.

When the king saw me, he bent his head and was ashamed to look at my face. Hardly looking at me with a look of shame, he said: "O my beloved and honorable brother Khikar, go to your house, take 40 days and restore yourself, and then come to me. I did so and returned to the king, and he said: "I have wronged you, father Khikar. I did not sin against you at all, but it was Nathan, your sister's son, whom you nourished."

Եւ ես անկայ ի վերայ երեսաց իմոց, երկիր պագի թագաւորին եւ ասեմ. Որովհետեւ տեսի զերեսս արքայիդ կենդանի եմ, եւ ամենայն չարիք ինձ բարութիւն դարձաւ որովհետեւ եգիտ ծառայս քո Խիկար զշնորհս:

Ասէ թագաւորն՝ լուար զայս, ով պատուական բարի Խիկար, եթէ զի՞նչ ի առաքեալ Եգիպտացին եւ ասացեալ, քանզի բնակիչքն Նինուացւոցն եւ Ասորեստանի փախան. Եւ ասեմ ցարքայն, արդ տուր քարոզ ի դրան արքունեաց քոց՝ եթէ Խիկար կենդանի է, եւ ամեներեան որ լսիցեն՝ դարձցին ի տեղիս իւրեանց. Եւ հրամայեաց թագաւորն քարոզ կարդալ՝ եթէ Խի-կար կենդանի է. Եւ ամենայն բնակիչն Նինուէի եւ Ասորեստանի դարձան իւրաքանչիւր ի տեղիս իւրեանց:

Եւ ես ասեմ ցթագաւորն Սենեքերիմ թէ վասն այդ բանիդ զոր առաքեաց Եգիպտացին՝ դու մի՛ հոգար. ես երթայց եւ տաց նմա պատասխանի, եւ զհարկն ի յԵգիպտոսէ ես բերից առ քեզ. իբրեւ լուաւ թագաւորն ուրախ եղեւ, եւ ի գլուխ բազմականին բազմեցոյց զԱբուսմաքն. եւ է վաղիւն գրեցի առ Աբեստան կինն իմ, ասացի այսպէս.

THE MAXIMS & WISDOM OF KHIKAR

I fell to my face and prostrated myself before the king and said: "I am alive, for I have seen your face, king, and all the evils done to me have turned to goodness because your servant Khikar has found grace."

The king said: "Have you heard, O honorable good Khikar, what the Egyptian has sent and said on account of the flight of the inhabitants of Nineveh and Assyria?" I said to the king: "Now have a herald proclaim at your court that Khikar is alive, and that all who hear this shall return to their places." The king had it proclaimed that Khikar is alive, and all the residents of Nineveh and Assyria returned to their places.

I said to king Sennacherib: "Do not worry about this matter that the Egyptian has sent. I will go answer him and bring you tribute from Egypt." When the king heard this, he was glad, and established Abusmaq at the head of the divan. The next day I wrote to Abestan my wife and said as follows:

Յորժամ կարդաս զգիրս՝ դու որսալ տուր Բ ձագս արծուոյ, եւ Բ տղայս դեռախաւսս, եւ Բ կինս սնուցանողս, որ սնուցանեն զմանկտին. եւ ասեն այսպէս՝ կաւ. կիր. ծեփ. աղիւս. ճարտարքս կան խափան. եւ տուր մանել Բ պարան. երկայնութիւն նորա ԲՃ կանգուն եւ հաստութիւն նորա մի. եւ տուր հիւսան զուգել Բ արկնոց մանկանցն եւ տուր կերակուր արծուեացն յամէն աւր զառինս Բ եւ տուր կապել զմանկտին ի վերայ արծուոցն, եւ պակաս թռիչս առնել, մինչեւ սովորութիւն առնուն. Եւ այնպէս սովորութիւն տուր մինչեւ բարձրանան ԲՃ կանգուն:

Եւ աբեստանն կինն իմ յոյժ իմաստուն էր. արար զամենայն վաղվաղակի զոր ինչ ասացի. Յայնժամ արքայն հրամայեաց ինձ գնալ յԵգիպտոս. եւ իբրեւ հասի ի դուռն Եգիպտոսի, ածի զմանկտին յարկնոցն որպէս եւ սովորէին. եւ կապեցի ի վերայ արծուոցն. թռան ի վեր եւ բարձրացան, եւ մանկտիքն աղաղակէին եւ ասէին՝ կաւ կիր. ծեփ աղիւս. ճարտարքս կան խափան. եւ ես Խիկարս առի զաւազան, ի հետ մտի ուր եւ հանդիպէի, զան հարկանէի. փութացէք, տուք զոր խնդրեն ճարտարքն: Եկեալ արքայն Եգիպտացոց, եւ զարմացաւ յոյժ եւ ուրախ եղեւ, եւ հրամայեաց իջուցանել զմեզ, եւ ասէ՝ եկ հանգիր աշխատանաց նոցա. կեր արբ եւ ուրախ լեր. եւ վաղիւն եկ առ իս. եւ իբրեւ այգ եղեւ, կոչեաց զիս թագաւորն եւ ասէ ցիս՝ զի՞նչ է անուն քո. եւ ասեմ Աբիկամ է անուն իմ. քանզի ստրուկ եմ Սենեքերիմայ արքայի:

When you read this letter, have two nestlings of an eagle caught, bring two boys who have just begun to speak along with two nursing women to nurse them and have the children say: 'Clay, lime, mortar, brick. The craftsmen stand idle.' Then have two ropes spun with a length of two hundred cubits, and a thickness of one cubit. Then have a carpenter connect two cages for the children and give food to the eagles (two lambs a day), have the children bound upon the eagles and have the eagles make short flights until they grow accustomed to it. Train them like this until they ascend two hundred cubits.

My wife Abestan was very wise and did everything I told her at once. Then the king commanded me to depart to Egypt. When I reached the gate of Egypt, I brought the children's cages with which they had been trained. Then I bound them upon the eagles, who took off and soared, and the children cried out and said: "Clay, lime, mortar, brick. The craftsmen stand idle." And I, Khikar, took a rod, and I went after all whom I met and struck them [and said]: "Hurry up, give the craftsmen what they ask for." The king of Egypt came and was very astonished and glad, and commanded us to make the birds come down. He said: "Come, rest them from their labors. Eat, drink, be merry and tomorrow come to me." When it was dawn, the king called for me and asked: "What is your name?" I said: "Abiqam is my name, for I am a slave of king Sennacherib."

Եւ իբրեւ լուաւ թագաւորն տրտմեցաւ յոյժ, եւ ասէ՝ Ես այսպէս անարգ թուեցայ յաչս Սենեքերիմայ արքային Ասորեստանեայց, որ ստրուկ մի առաքեաց առ իս տալ ինձ պատասխանի. Եւ ասէ ցիս՝ երթ ի տուն քո եւ վաղիւն եկ առ իս:

Եւ իբրեւ վաղիւն գնացի՝ հրաման ետ արքայն զաւրացն իւրոց, զի զգեցցին քղամիտ կարմիր. Եւ ինքըն արքայ զգեցաւ զգեստ ծիրանի: Եւ նստաւ յաթոռն իւր, եւ զաւրք նորա շուրջ զնովաւ. հրամայեաց եւ կոչեաց զիս առ ինքն եւ ասէ. Ապիկամ, ու՞մ նըմանեմ ես. կամ զաւրքն իմ ու՞մ նմանեն: Ասեմ նման ես դու դիցն, եւ նախարարք քո քրմանց նոցա. Ասէ ցիս երթ յաւթեւանս քո եւ վաղիւն եկ առ իս. իբրեւ եկի ի տուն իմ եւ եկի վաղիւն առ նա, զգեցոյց կտաւ զաւրաց իւրոց. Եւ ինքն զգեցաւ կարմիր, եւ ասէ ցիս՝ ու՞մ նմանեմ ես, կամ զաւրքն իմ ու՞մ նմանեն. Եւ ասեմ նման ես՝ դու արեգական, եւ նախարարք քո ճառագայթից նորա. Եւ դարձեալ ասէ ցիս երթ յաւթեւանս քո եւ վաղիւն եկ առ իս. եւ իբրեւ վաղիւն գնացի՝ հրամայեաց նախարարացն՝ զի զգեցցին զգեստ ներկուածոյս. եւ ինքն զգեցաւ զգեստ փետուրալից, եւ նստաւ յաթոռ իւր եւ ասէ՝ ու՞մ նմանեմ ես. Ասեմ ես, նման ես դալարոյ, եւ նախարարքդ քո ծաղկանց նորա:

When the king heard this, he was very grieved and said: "Was I considered so contemptible in the eyes of king Sennacherib of Assyria, that he has sent a slave to me to give me answer?" Then he said to me: "Go to your house and tomorrow come to me."

When I went the next day, the king gave command to his soldiers to dress themselves in red mantle. The king himself was dressed in purple garb. He sat on his throne with his soldiers surrounding him. He had me summoned to him and asked: "Abiqam, whom do I resemble? Or my forces, whom do they resemble?" I said, "You are like a god, and your nobles are like priests." He said to me: "Go to your lodging and tomorrow come to me." After I went home and came to him the next day, he had dressed his soldiers in linen, and he himself was dressed in scarlet. He asked me: "Whom do I resemble? Or my soldiers, whom do they resemble?" I said: "You are like the sun and your nobles are like its rays." And again he said to me: "Go to your lodging, and tomorrow come to me." And when I went the next day, he commanded his nobles to dress themselves in dyed clothes, and he himself wore a feathered outfit, and sat on his throne and said to me: "Whom do I resemble?" I said: "You are like the grass, and your nobles its flowers."

Յայնժամ արքայն ուրախ եղեւ եւ ասէ. Ասա ինձ զճշմարիտն՝ Սենեքերիմ արքայն ու՞մ նման է. Ասեմ՝ քաւ լիցի յիշել քեզ զՍենեքերիմ արքայն, քանզի նստեալ կաս. այլ յոտն կաց եւ ասեմ ես. Իբրեւ յարեաւ ասեմ՝ Սենեքերիմ արքայն նման է Բէլշիմի, եւ նախարարքն նորա փայլատակացն. յորժամ կամի նիւթէ անձրեւ, եւ արկանէ ցաւղ ի բարձունս, ելանէ թագաւորութեամբն, որոտայ եւ կալնու զճառայգայթս արեգական. եւ յորժամ կամի կարկուտ ածէ եւ մանրէ զփայտ դալար եւ չոր. եւ ծագէ արեւ եւ հարկանէ զբոյս դալարոյ:

Ասէ արքայն, ասա ինձ զի՞նչ է անուն քո. Ասեմ Խիկար ի անուն իմ. Ասէ. Թշուառական կենդանացար. Եւ ասեմ որովհետեւ տեսի զերեսդ քո արքայ կամ կենդանի. Ասէ թագաւորն այս աւր աւրհնեալ եղիցի, զի Խիկար կենդանի տեսի, աչաւք իմովք տեսի կենդանի:

Եւ ես անկայ ի վերայ երեսաց իմոց, երկիր պագի նմա եւ համբուրեցի նմա. Ասէ թագաւորն՝ Հանէ զայս խաւսս եթէ սիւն մի կայ, եւ ի վերայ այն սեանն երկոտասան մայրք, եւ ի վերայ նոցա անիւք երեսունք. եւ ի վերայ անուոցն սուրհանդակք երկուք. մին սեւ եւ միւսն սպիտակ. Եւ ասեմ՝ թագաւոր, զայդ Ասորւոց հորթարածներն գիտեն. Սիւն զոր ասացեր՝ տարին է, եւ մայրք երկոտասան ամիսքն են. Անիւքն՝ երեսուն աւուրք ամսոցն են. սուրհանդակ Բ մինն սեւ եւ միւսն սպիտակ՝ ցերեկ եւ գիշերն է:

Then the king was glad and said: "Tell me the truth. Whom does king Sennacherib resemble?" I said: "God forbid that you should mention king Sennacherib, for you are sitting down. Stand up, and I will tell you. When he stood up, I said: "King Sennacherib is like Belshim, and his nobles are lightning. When he so wishes, he makes rain, emits dew from on high and sends it forth through his kingdom, and thunders and imprisons the rays of the sun. When he so wishes, he makes it hail and damages the lush forest and desiccates it. He makes the sun rise and smites the blades of grass."

The king said: "Tell me, what is your name?" I said: "Khikar is my name." He said: "You wretch, you have come to life." I said: "Because I saw your face, king, I am alive." The king said: "May this day be blessed, for I have seen Khikar alive with my own eyes."

Then I fell on my face and prostrated before him and kissed him. The king said: "Solve this riddle: There stands a pillar, and upon that pillar there are twelve cedars, upon which are thirty wheels, and upon the wheels are two couriers, one black and the other white.'" I said: "King, the cowherds of Assyria know this. The pillar of which you speak is the year and the cedars are the twelve months. The thirty wheels are the days of the months. The two couriers, black and white, are day and night."

Ասէ թագաւորն զինչ է բանս այս՝ որ յԵգիպտոսէ մինչեւ ի Նինուէ ԵՃ խրասխ է զիա՞րդ լուան կուսանքն մեր զխրխնջիւն երիվարաց ձերոց, եւ վիժեցան:

Ես Խիկարս ելի ի նմանէ. եւ կալայ աքիս մի, եւ յանդիմանեալ տանջէի զնա: Յայնժամ պատմեցին թագաւորին՝ եթէ Խիկար զդիսն մեր անարգէ եւ զաքիսն տանջէ. Կոչեաց զիս թագաւորն, եւ ասէ. Խիկար, վասն է՞ր զդիսն մեր անարգես եւ զաքիսն տանջես. Եւ ասեմ՝ զի գայ ինձ շատ վնաս արար. յայնժամ աքաղաղ մի ետ ինձ թագաւորն. ձայն նորա քաղցր էր եւ յամենայն ժամու զարդուցանէր զիս, երթալ յարքունիս: Ի գիշերիս յայսմիկ չոքաւ եւ եհատ զգլուխ աքաղաղին, եւ եկն այսր. Եւ ասէ արքայն ինձ՝ այսպէս թուի, թէ որչափ ծերացար՝ բանք քո եւ իմաստութիւնդ շրջեցան. յԵգիպտոսէ մինչեւ ի Նինուէ ԵՃ խրասխ է. արդ մի աքիսդ 'ի մի գիշերի, զիա՞րդ եհատ զգլուխ աքաղաղին եւ եկն աստ. Եւ ասեմ՝ ո՞րպէս խրխնճոյն զոր լուան կուսանք ձեր եւ վրիժեցան:

Ասէ արքայն՝ թող զայդ, եկ եւ մանեայ ինձ պարան աւազէ. իբրեւ ելի ես ի նմանէ՝ ասէ թագաւորն ընդ իւրքն. ամենայն զի՞նչ խաւսի Խիկարն՝ ասացիք, թէ մեք գիտեմք, եւ լուեալ եմք զբանդ զայդ:

Եւ ես առեալ գրեցի թուղթ այսպէս.

The king said, "What about this story that from Egypt to Nineveh there is a distance of 500 leagues. How, then, did our maidens hear the neighing of your stallions and miscarry?"

I, Khikar, went out from his presence, took a weasel and scolded and tortured it. They told the king about it, saying: "Khikar scorns our idols and tortures the weasels." The king summoned me and said: "Khikar, why do you scorn our idols and torture the weasels?" I said: "Because they came to me and did great harm." Then the king gave to me a rooster; its sound was sweet and it woke me up every hour to go to the court. On that very night the weasel went and bit off the head of the rooster and came back here. The king said to me: "It appears that as much as you have grown old, your words and wisdom have gone from you in the same measure. From Egypt to Nineveh there are 500 leagues. Now how could a decapitate a rooster and come here in one night?" And I said: "How could your maidens hear the neighing and miscarry?"

The king said: "Enough of that, come and weave me a rope of sand." When I left his presence, he said to his men: "Whatever Khikar says, respond: "We know, we have already heard that."

Then I wrote the following letter:

Ի Սենեքարիմայ արքայէ՝ ողջոյն առ փարաւոն արքայդ Եգիպտոսացւոց. կարաւոր են եղբարք եղբարց տեսանել, եւ թագաւորք թագաւորաց. ի ժամանակիս յայսմիկ ծախք եւ պարաք շատ են եղեալ, եւ արծաթ պակասեաց զանձուց մերոց. Արդ հրամայեալ եւ տուր բերել ինձ ի ձեռն հրովարտակիդ արծաթ Ճ քանքար:

Եւ զթուղթն պնդեցի եւ մտի առ թագաւորն եւ ասեմ այսմ հրովարտակիս գրեալ եմ բան, որ ոչ քաղաքիդ եւ ոչ թգիդ եւ ոչ նախարարացդ իւրոցդ չեն լսել. եւ ասացին ամենեքեան եթէ մենք լուեալ եմք եւ գիտեմք զբանդ զայդ. բայց ես ասեմ, թէ լուեալ էք՝ ասացէք մինչդեռ չէք բացեալ զթուղթ. եւ ոչ կարացին ասել. եւ բացեալ կարդացին. Ասեմ, լուեալ էք՝ զոր գրած է տուք. Ասէ արքայն, թէ՝ զաւազէ պարան ոչ մանես ինձ, զհարկն յԵգիպտոսէ ոչ տանիս. Եւ ես մտի ի տուն մի խորխորատ, եւ ծակեցի զորմն տանն ուստի արեւն ծագէր. եւ ի ծագել արեւուն՝ ցայթեց ի տանն կանգունս Է եւ առի փոշի աւազի եւ արկի Է ծակն եւ փչէի ի նա. երեւեցաւ որպէս մանածք. Եւ ասեմ հրաման տուր արքայ՝ զի ժողովեսցեն զպարանսդ, եւ ես այլ մանեցից:»

Իբրեւ ետես արքայն՝ ծիծաղեցաւ եւ ասէ. Աւրհնեալ ես դու առաջի դիցն. Եւ պարգեւս մեծամեծս ետ ինձ, եւ զհարկն յԵգիպտոսէ եթո՛ղ. եւ բարով եւ խաղաղութեամբ արձակեաց զիս եւ գնացի:

THE MAXIMS & WISDOM OF KHIKAR

From king Sennacherib, greetings to Pharaoh, king of Egypt. Brothers must see brothers and kings must see kings. At this time expenses and debts have been many and there is a shortage of silver in our treasuries. Now decree 100 talents of silver to be brought to me.

I fastened the letter and went in to the king and said: "In this edict I have written of a matter of which neither your city nor your nobles have heard. And they all said: "We know, we have already heard of that." But I said: "If you have heard, say what it is before you open the letter." They could not say, so they opened and read it. Then I said: "Now you have heard, give what is written." The king said: "If you do not weave me a rope of sand, you shall not take tribute from Egypt." So I went into a basement and perforated the wall of the chamber against which the sun dawns; when the sun rose, it shone into the chamber seven cubits. So I took up the grains of sand and cast them into the hole and blew onto them, giving a woven appearance. Then I said: "Have them collect these ropes, king, and I will weave more."

When the king saw this, he laughed and said: "You are blessed before the gods" and gave me magnificent presents and allowed tribute to be taken from Egypt. Then he bade me farewell, dismissed me with peace, and I departed.

Իբրեւ լուաւ արքայն Սենեքերիմ զգալուստն իմ, ել ընդ առաջ իմ ուրախութեամբ. Իբրեւ ողջունեցաք զմիմեանսն, առեալ տարաւ զիս յապարանս իւր, եւ ի գլուխ բազմականին բազմեցոյց զիս. եւ արար ուրախութիւն բազում աւուրս, եւ պարգեւս մեծամեծս շնորհեաց ինձ. Եւ ասէ ցիս, ով հայր իմ Խիկար, խնդրեալ յինէն այլ մեծամեծ պարգեւս եւ տաց քեզ. եւ ես երկրպագի նմա եւ ասեմ. Արքայ յաւիտեան կաց. զոր ինչ ինձ պարգեւել կամիս՝ Աբուսմաքայ ընկերին իմ պարգեւեայ, որ տուաւ կեանս ծառայից քոց. Այլ ինձ տացես զՆաթան քեռորդին իմ զոր ուսուցի, զի ոչ ուսաւ զառաջին ուսումն բարուք:

Եւ ետ արքայն զՆաթան քեռորդին ի ձեռս իմ, եւ կապեցի զնա ընդ աղխսոյ երկաթոյ միոյ, որ էր կշռոյ Է քանքարոյ ի դրան սրահին իմոյ, եւ յանձն արարի զնա Բէլիարայի ծառային իմոյ. Եւ հրամայեցի գան հարկանել ի թիկունս եւ ի փոր նորա. եւ ասեմ ցնա ի մտանելն իմ եւ յելանելն՝ զոր ինչ առակաւ խաւսիմ ընդ սա եւ դու գրեա ի թղթի եւ պահեա. եւ տայի նմա հաց սակաւ եւ ջուր սակաւ. խաւսել սկսայ եւ ասեմ այսպէս.

THE MAXIMS & WISDOM OF KHIKAR

When king Sennacherib heard of my arrival, he came before me with joy. When we greeted each other, he took me into his palace and sat me at the highest seat of rank, made merry for several days, bestowed upon me magnificent gifts and said: "O my father Khikar, request other great gifts from me and I shall give them to you." I prostrated before him and said: "O King, live forever. Whatever you wish to gift me, gift instead to my friend Abusmaq who gave life to your servant. But give me Nathan, my sister's son whom I taught, for he did not learn his first teaching well."

The king gave Nathan my sister's son into my hands. I bound him with a single chain of iron weighing seven talents at the door of my hall and entrusted him to my servant Beliar. I ordered Beliar to flog him on his back and belly, and said to him in my coming and going: "Record on paper the proverbs that I speak to him and keep it". Then I gave him some bread and water, began to speak and said this:

1. Որդեակ՝ որ ընդ ականջն ոչ լսէ ընդ թիկունսն լսեցուցանեն:

Խաւսել սկսաւ Նաթան եւ ասէ՝ ընդէ՞ր բարկացար ինձ հայր իմ. մեղայ քեզ, հայր իմ Խիկար. եթէ ողորմիս ինձ ծառայիս քո, եւ եղեց քեզ հող եւ մոխիր, եւ ծառայ զամենայն աւուրս կենաց իմոց:

Եւ ես ասեմ ցնա.

2. Որդեակ՝ յաթոռ փառաց նստուցի զքեզ. եւ դու յաթոռոյ իմոյ կործանեցեր զիս:

3. Որդեակ՝ ես բեհեզս եւ ծիրանիս զգեցուցի քեզ, եւ դու հողով ապականեցեր զմարմինս իմ:

4. Որդեակ՝ եւ բարձրացուցի զքեզ որպէս աշտարակ. զի եթէ եկեսցէ առ իս թշնամին՝ ելից եւ ամրացայց ի քեզ. դու ինքնին գտար թշնամի տան իմոյ:

5. Որդեակ՝ ես ետու զքեզ ի փառս եւ ի պատիւ, եւ դու մատնեցեր զիս ի ձեռս թշնամու եւ մահու:

6. Որդեակ՝ ես ուսուցի զքեզ որպէս ձագս աղուեսու, եւ ակն քո ի ծակ քո եւ մատն իմ կոկէր ի բերան քո. եւ մատունք քո սրեցեր յաջս իմ:

7. Որդեակ՝ արդարութիւն իմ եւ անմեղութիւն իմ փրկեաց զիս եւ ապրեցոյց զիս. եւ անիրաւութիւն քո ոչ յաջողեաց քեզ:

THE MAXIMS & WISDOM OF KHIKAR

1. Son, he who does not hear with his ears, they make to hear with his back.

Nathan began to speak and said: "Why are you angry with me, my father? I have sinned against you, my father Khikar. If you have mercy on me, your servant, I will turn to dirt and ashes and become your servant for all the days of my life."

I said to him:

2. Son, I seated you on the throne of glory, yet from my throne you overthrew me.

3. Son, I clad you in fine linen and purple, and you corrupted my body with earth.

4. Son, I exalted you high like a tower so that if an enemy were to come upon me, I would fortify myself in you. Yet you found yourself an enemy in my house.

5. Son, I gave you glory and honor; and you betrayed me into the hands of enmity and death.

6. Son, I taught you like the cub of a fox; your eye was on your den and my finger smoothed your mouth but your fingers were pressed upon my eyes.

7. Son, my integrity and innocence saved and rescued me, but your injustice did not prosper you.

8. Որդեակ՝ եղեր ինձ որպէս կարիճ՝ որ եհար զաւեղն, եւ ասէ աւեղն՝ ահա խայթոց որ չար է քան զքոյդ. Դարձեալ եհար զթաթն ուղտուն եւ նա եհար զթաթն ի վերայ նորա եւ ճմլեաց զնա եւ ասէ. գերի, ո՞չ գիտէիր եթէ շունչ եւ հոգի քո ի յոտս իմ էր:

9. Որդեակ՝ եղեր ինձ որպէս այծն՝ որ ուտէր զտորոնն. Ասէ տորոնն. Զի ուտես զիս, ո՞չ գիտես. եթէ ինեւ գործեն զմորթիդ քո: Ասէ այծն՝. Ես ի կենդանութեանս ուտեմ զքեզ. եւ յետ մահուան իմոյ խլեն զաւակ քո եւ շինեն զմորթ իմ:

10. Որդեակ՝ եղեր ինձ որպէս այն որ ձգեաց զնետ յերկինս եւ ոչ կարաց հանել ի վեր. այլ զանաւրէնութիւն իւր շահեցաւ. զի դարձաւ նետն ի գլուխ իւր:

11. Դարձեալ եղեր ինձ որպէս սերմանահան՝ որ ցանեաց գրիւ Ժ եւ ժողովեաց գրիւ հինգ եւ այլ պակաս:

12. Որդեակ՝ եղեր ինձ որպէս կացին՝ որ կտրէր զծառն. ասէ ծառն. եթէ յինէն չէիր՝ ոչ յաղթէիր դու. Այսպէս կարծէիր՝ եթէ զտեղի նորա լնում. Բայց եթէ լինիցի ագի խոզի իբրեւ կանգունս Ե զձիոյ տեղին ոչ կարէ լնուլ. եւ թէ լինի ասր նորա որպէս ծիրանի՝ մարմնոյ թագաւորի ոչ կարէ նմանել. Ոջիլ հացի եկեր զմարմին թագաւորի, բայց ինքն ումեք ոչ էր աւգուտ, եւ ոչ պիտանի. այլ անպէտ եւ վատ:

8. Son, you became to me like a stinging scorpion. The stinger said: 'Behold a sting that is worse than your own.' Then again, he struck the foot of the camel, which stepped upon and crushed it and said: 'O captive, did you not know that your breath and soul were under my feet?'

9. Son, you have been to me like a goat that was eating madder[5]. The madder said: 'Why are you eating me? Don't you know that with my root they dye your skin?' The goat said: 'I eat you throughout my lifetime, and after my death they pluck your root and prepare my skin.'

10. Son, you have been to me like the man who shot his arrow up to heaven but could not reach it—he reaped the reward of his lawlessness, for the arrow returned upon his head.

11. Son, you have been to me like a sower who sowed ten bushels but gathered only five, for the rest were defective.

12. Son, you have been to me like the axe that was chopping the tree. The tree said: 'If you were not of me, you would be unable to overcome me.' You thought to yourself, 'I will take its place.' But even if a pig's tail were five cubits long, it could not replace a horse, and if its fleece were purple, it could it resemble the flesh of a king. A bread maggot ate the flesh of a king, but was itself of no use to anyone nor advantageous. Rather, it was unnecessary and vile.

---

5 *Madder (rubia tinctorum), a source of red dye.*

13. Որդեակ՝ եղեր ինձ որպէս զձագ ծիծառն՝ որ անկաւ ի բունոյ իւրմէ. եւ եգիտ զնա աքիս մի եւ ասէ, եթէ յինէն ի զատ էիր լեալ՝ ա՛յլ մեծ չարի էիր դիպեալ. ասէ ձագն ծիծռան՝ եթէ զբարիդ զոր ինձ արարեր՝ ի գլուխ քո դարձցի:

14. Որդեակ՝ շունն որ զորսն ինքն ուտէ, կերակուր գայլոց եղիցի. Աչք որ ինձ լոյս ոչ տայ՝ ագռաւք ծեծեն զնա՛. ձեռք որ ինձ ոչ աւգնեն ուսովք հատցեն զնա:

15. Որդեակ՝ եղեր ինձ որպէս զորոգայթ որ դացեալ կայր յաղբիսն. եգիտ զնա ճնճղուկ մի եւ ասէ զի՞նչ ես դու. եւ ասէ յաղաւթս կամ առ Աստուած. Ասէ ճնճղուկն՝ եւ այդ որ ի բերանդ է՝ զի՞նչ է. ասէ՝ քաղցելոց հացիկ է. յարձակեցաւ ճնճղուկն առնուլ զհացն եւ կալաւ զպարանոցաւն. ասէ. Եթէ քաղցելոց հացիկն այս էր՝ Աստուած այնպէս լսէ աղաւթից քոց:

16. Որդեակ՝ ասացին գայլուն, թէ բաց կաց ի գեհէտ. ասէ եթէ ի բաց կենամ կուրանամ. զի փոշին աչացս դեղ է եւ շահ:

17. Որդեակ՝ եղեր ինձ որպէս գայլն որ պատահեցաւ իշուն, եւ ասէ՝ ողջոյն ընդ քեզ. յովանակ ասէ՝ ողջոյնդ այդ տէրն իմոյ, որ զպարանդ յոտից իմոց արձակեաց եւ ետ ինձ տեսանել զերեսս քո չար եւ արենարբուսն:

13. Son, you have been to me like the chick of the swallow that fell out of its nest. A weasel found it and said: 'A great evil would have befallen you if not for me.' The nestling said to the weasel: 'The good that you have done to me shall return upon your head.'

14. Son, the carnivorous dog shall become the prey of wolves. An eye that gives me no light, the ravens peck at. The hand that helps me not shall be lopped off from its shoulder.

15. Son, you have been to me like the lure that was buried in dung. A sparrow found it and asked: 'What are you?' and it said: 'Prayers to God.' The sparrow asked: 'What is in your mouth?' and it said: 'A morsel of bread for the hungry.' The sparrow darted in to take the bread and was caught by its neck. It said: 'If this was a morsel of bread for the hungry, then God has heard your prayer.'

16. Son, they said to the wolf: 'Keep away from the flock.' It answered: 'If I live away, I will go blind; for the dust is a remedy for my eyes and benefits them.'

17. Son, you have been to me as the wolf that encountered the ass and said: 'Greetings to you.' The ass said: 'Greetings to you, master of mine, who has loosed the cord of my feet and allowed me to see your evil and bloodthirsty face.'

18. Որդեակ՝ եղեր ինձ որպէս ումն, որ ետես զընկերն իւր՝ զի դողայր. առեալ ջուր արկ ի վերայ նորա:

19. Որդեակ՝ եղեր ինձ որպէս շունն որ եմուտ ի քուրայ բրտին. յորժամ ջեռաւ՝ սկսաւ հաջել ընդդէմ բերտին:

20. Որդեակ՝ ասացին ցաքիսն՝ եթէ թող զսովորական բանն, եւ համարձակ լինի բանն քեզ, յարքունիս մտանել եւ ելանելն ասաց աքիսն, եթէ եղիցին աչք իմ ոսկի եւ թաթ իմ արծաթի՝ զսովորական բանն ոչ թողից:

21. Որդեակ՝ եղեր ինձ որպէս աւձն՝ որ փաթաթեցաւ ի մասրենին եւ անկաւ ի գետն. Տեսեալ զնա գայլուն. ասէ. ահա չարն ի չարն հեծեալ է. եւ չար է որ վարէ զնոսա:

22. Որդեակ՝ եղեր ինձ որպէս խլուրդ՝ որ ելաւ ի ծակէն, եւ այլ ընդ այլ գնաց վասն աչաց ոչ տեսանելոյ. եւ արձակեալ արծիւ մի էառ զնա, եւ ասէր խլուրդն. եթէ ոչ էր գալիքս ի վերայ իմ ի յիմ տեղին էի կացեալ խաղաղական կենաւք:

23. Որդեակ՝ զգայլոյ ձագն յուսումն տվին եւ ասեն՝ ասա. այբ. բեն. գիմ. եւ նա ասէր՝ այծ, բոյծ, գառն:

18. Son, you have been to me like one who, seeing his friend shivering, took water and threw it on him.

19. Son, you have been to me like the dog who approached the potter's kiln and started barking at the potter when he got warm.

20. Son, they said to the weasel: 'If you let go of your habits, the privilege will be extended to you to come and go from the palace at liberty.' The weasel said: 'If my eyes were gold and my paws silver, I would still not let go of my habits.'

21. Son, you have been to me as a snake that wound itself around a shrub and fell into the river. The wolf saw it and said: 'Behold, evil mounted evil, and it is evil that propels them.'

22. Son, you have been to me as a mole that came out of its hole and stumbled along because he couldn't see. An eagle swooped and seized him, and the mole said: 'If you had not come upon me, I should have lived a peaceful life in my own place.'

23. Son, they taught the wolf's cub: 'Say A, B, C', and he said 'aliment, bison, caribou.'[6]

---

6 The Armenian renders "ayts, buyts, garrn" (goat, aliment, lamb).

24. Որդեակ՝ զխոզն ի բաղանիսն տարան. եւ նա անկեալ ի մաւրատն թաւալէր ասելով, դուք ի ձերդ լուացէք եւ ես յիմս:

Խաւսել սկսաւ Նաթան եւ ասէր. հայր իմ Խիկար, Աստուծոյ մեղանչեն, եւ նա թողու յորժամ՝ մեղայ, ասեն. Հայր մեղայ քեզ. թող ինձ, եւ ես եղեց քեզ ծառայ յայսմհետէ մինչեւ յաւիտեան:

Եւ ասեմ ցՆաթան այսպէս.

25. Որդեակ՝ եղեր ինձ որպէս արմաւենի՝ որ բուսեալ էր յեզր գետոյն. յորժամ պտուղն հասանէր՝ նա ի գետն անկանէր. եկեալ տէրն ծառոյն առ ի կտրել զնա, եւ ասէ ծառն՝ թող զիս յայսմ տեղւոջս. զի միւս ամի բերից պտուղս. Ասէ տէր ծառոյն՝ մինչեւ ցայս աւր չեղեր ինձ պիտանի. այլ ոչ պիտանասցիս:

26. Որդեակ՝ Աստուած ապրեցոյց զիս վասն անմեղութեամբ իմոյ, եւ զքեզ կորոյս վասն անաւրէնութեան քո. Աստուած առնէ փոխարէն ընդ իս եւ ընդ քեզ. զի ագին շանն հաց տայ եւ բերանն բիր:

Ի նմին ժամու ուռեցաւ Նաթան եւ պատառեցաւ. եւ ես ասեմ.

27. Որդեակ որ բարի առնէ բարի գտանէ. եւ որ այլոց խորխորատ փորէ՝ ինքն անկանի ի նմա. կատարի բարին ի բարի եւ չարն ի չար:

Յայսվայր կատարեցաւ Խիկար:

24. Son, they took the pig to the bath; he threw himself into the mud and said: 'You wash in yours, and I in mine.'

Nathan began to speak and said: "My father, Khikar, men sin unto God, and He forgives them when they say 'I have sinned'. Father, I have sinned to you. Forgive me, and I will be your slave forever more."

And I said this to Nathan:

25. Son, you have been to me like the date palm on the river bank: When its fruit ripened, it fell into the river. The arborist came to cut it down, and the tree said: 'Leave me here, that next year I may bear fruit.' The arborist said: 'Till today you have been useless to me, and you are no longer needed.'

26. Son, God has rescued me because of my innocence and destroyed you because of your lawlessness. God transacts between me and you. For the dog's tail earns it food, and its mouth a bludgeon.

At that point Nathan swelled up and tore himself apart, and I said:

27. Son, he who does good finds good. He who digs a pit for others falls into it himself. Good culminates in good and evil in evil.

Khikar ended here.

www.sophenearmenianlibrary.com

SOPHENE

www.ingramcontent.com/pod-product-compliance
Lightning Source LLC
Chambersburg PA
CBHW021444080526
44588CB00009B/685
* 9 7 8 1 9 2 5 9 3 7 6 1 9 *